Check and Stripe

for Children

Sewing Nursery

葉っぱの色のギンガムチェック

雨のしずくのような水玉模様

キャンディの包み紙のようなストライプ。

小さなお店で、一緒に選んだ布が

朝起きたらワンピースになっていたこと。

髪を三つ編みにしてもらったのもうれしくて

鏡の前でくるくる回ったこと。

草花が光を浴びて成長するように

そんなてづくりの思い出のひとつひとつが

子どもたちを育みますように。

nursery　ナーサリー

育苗、保育という意味のある、

やさしい響きのこの言葉に

そんな願いを込めて、この本を作りました。

CONTENTS

: : : : : : : : : : : :

For Spring and Summer

For Autumn and Winter

SEE P.27

花の名前をたくさん知っている

そんなおとなになれますように。

SEE P.27

For Spring and Summer

A フラワーマーケット
バッグ

リバティプリントのビニールコー
ティングの大きなバッグ。花や
ハーブの苗をたくさん入れて。そ
れにははちみつのキャンディやビ
スケットも忘れずに。

HOW TO MAKE P.50

B フロントギャザーの
ワンピース

前身頃にゴムテープでギャザー
を寄せたシンプルなワンピース。
麦わら帽子に編上げブーツ、ハー
ブのブーケを背負って。

HOW TO MAKE P.51

B

Front Style

C デイリー
オーバーオール

オーバーオールを着ると、童話
の主人公のように冒険したくな
る。双眼鏡で遠くを見たり、はし
ごに登ったり。

HOW TO MAKE P.54

Back Style

C

D

D 小さな衿の
ワンピース

小さな衿、たっぷりのギャザー、
お行儀よく並んだボタン。ポケッ
トには、森で拾った木の実や落ち
葉を入れて。
HOW TO MAKE P.58

SEE P.12

E

E スタンダード
ギャザーブラウス

衿ぐりの控えめなギャザーが子どものか
わいさを引き立てます。バイアスの部分
だけ布を替えるなど、シンプルだからこ
そ、工夫ができる楽しいデザイン。
HOW TO MAKE P.93

F スクエアネックの
ギャザーブラウス

ハイウエストで広めの身幅に
たっぷりとギャザーをとったブ
ラウス。スクエアの衿もとが、き
ちんとした印象を与えてくれる
一枚です。

HOW TO MAKE P.62

F

G

Front Style

G バルーンスリーブ
のブラウス

袖口のゴムを内側に入れ、ふ
んわりとさせた袖がポイントの
ブラウス。後ろ身頃にタックを
入れ、たっぷりとしたシルエッ
トを作ります。

HOW TO MAKE P.89

Side Style

G

SEE P.19

H ダブルボタンの
ブラウス

男の子にも女の子にもおすす
めのリバティプリントのブラウ
ス。ダブルのボタンが特徴で
す。パンツも同じ布で作って、
セットアップにしても。

HOW TO MAKE P.65

I フローラルパンツ

Cのオーバーオールからアレ
ンジしたパンツ。花びらのよう
なウエストが特徴です。この本
では布を替えて、いろんなコー
ディネートに使っています。

HOW TO MAKE P.68

HI

Front Style

J フローリスト
エプロン

たっぷりと幅をとったエプロ
ン。後ろで結べばワンピースの
ように着こなせます。パティシ
エ、フローリスト……。このエプ
ロンが将来の夢につながります
ように。

HOW TO MAKE P.70

Back Style

Kフローラル
パッチワークスカート

ピンク系のリバティプリントを
パッチワークのように組み合わ
せ、華やかなスカートにしました。
どの柄が好き？そんなことを話し
ながら作るのも、子どもたちとの
楽しい時間。

HOW TO MAKE P.72

L パッチワークの巾着

レッスンバッグに合わせて、同じ
組合せでパッチワークにした巾
着。大切なものをたくさん入れま
しょう。

HOW TO MAKE P.74

M パッチワークの
レッスンバッグ

好きな布をパッチワークにして、
本や楽譜を入れるためのバッグ
を作りましょう。草花や虫や動物
の本。レッスンに行くのが楽しく
なりそう。

HOW TO MAKE P.75

L

M

Front Style

N うさぎのポシェット

さみしい時も、そっと寄り添って
くれるようなうさぎのポシェッ
ト。野原で見つけた小さな種を
入れて。

HOW TO MAKE P.76

Back Style

O ペタルブラウス

花びらのように後ろ身頃が
重なったAラインのブラウ
ス。そよ風が吹くたびに、心
地よさを感じます。

HOW TO MAKE P.78

OK

P l

P スクエアネックの
ギャザーワンピース

Fのブラウスのワンピースバー
ジョンを高密度のタイプライ
タークロスで作りました。リバ
ティプリントで作った l のフ
ローラルパンツと合わせて。

HOW TO MAKE P.82

Q ティーバッグ
バッグ

紅茶のティーバッグのような
デザイン。ラベル部分のリバ
ティプリントがアクセントに。
チェックやストライプなどで
作ってもかわいい。

HOW TO MAKE P.81

R シンプル
A ラインワンピース

ほんの少しAラインのドロップ
ショルダーのワンピース。しな
やかな布と、張りのある布では
シルエットが変わって、それぞ
れに楽しめます。

HOW TO MAKE P.84

Q
R

S バルーンスリーブの ワンピース

Gのブラウスのワンピースバージョン。やさしい色のコットンで作りました。カラータイツと合わせるのもコーディネートの楽しみ。

HOW TO MAKE P.86

T うさぎのぬいぐるみ

Nのポシェットがそのままぬい
ぐるみに。ベッドルームの枕も
とに置いて、おやすみの時の
話し相手に。

HOW TO MAKE P.94

U スタンダードギャザー
ワンピース

Eのブラウスをワンピース丈に
アレンジしました。花畑でうさ
ぎやりす、子鹿が遊んでいる
……そんな模様のリバティプ
リントで。

HOW TO MAKE P.90

SEE P.20.27

For Autumn and Winter

C デイリー
オーバーオール

10ページのオーバーオールを
秋冬仕様にし、冬の空のような
コーデュロイで作りました。森
で見つけた大きな松ぼっくり
を部屋に飾りましょう。

HOW TO MAKE P.54

C

Front Style

V ダブルボタンの
コート

少しかしこまった時にも使える
ダブルのコートをグレイッシュ
なラベンダー色のコーデュロイ
で作りました。フレッシュハーブ
の束を持って。

HOW TO MAKE P.95

W カシミヤのニット帽

カシミヤの肌触りが気持ちいい
ニット帽。肌寒い日には冷たく
なった耳をあたためて。

HOW TO MAKE P.100

Back Style

W
V
R

l

l フローラルパンツ
19ページのパンツを秋冬素材
で作りました。あたたかい印象
を与えるベリー色のコーデュ
ロイを選べば、寒空に映える元
気いっぱいの差し色に。
HOW TO MAKE P.68

X カーディガン

肌触りのいい起毛のコットン
素材で作ったカーディガン。同
じ素材でパンツを作って、セッ
トアップに。森から帰ったら、は
ちみつたっぷりの飲み物であ
たたまりましょう。

HOW TO MAKE P.98

X H I

Index この本に掲載している作品

DRESSES

B

Look............... 9
How to make.. 51
Pattern............ side A

D

Look............... 12
How to make.. 58
Pattern............ side B

P

Look............... 26
How to make.. 82
Pattern............ side C

R

Look............... 27
How to make.. 84
Pattern............ side D

S

Look............... 28
How to make.. 86
Pattern............ side C

U

Look............... 30
How to make.. 90
Pattern............ side B

APRONS

J

Look............... 20,33
How to make.. 70
Pattern............ side A

COAT/CARDIGAN

V

Look............... 36
How to make.. 95
Pattern............ side D

X

Look............... 39
How to make.. 98
Pattern............ side C,D

CAP

W

Look............... 37
How to make.. 100
Pattern............ side D

DOLL

T

Look............... 29
How to make.. 94
Pattern............ side A

M

Look... 23,cover flap
How to make.... 75

N

Look............... 24
How to make.. 76
Pattern............ side A

Q

Look............... 27
How to make.. 81
Pattern............ side A

Girl's Coordinate ガールズコーディネート

U スタンダードギャザーワンピースを リバティプリントWoodland Betsyで

ふんわりしたギャザーワンピースが
女の子らしいワンピース。
1枚でもさまになり、デニムとサボを合わせて
カジュアルなコーディネートにも。
身長123cm 120サイズ着用

動物が隠れている楽し
い柄のワンピースを主
役に、小物はシンプル
にコーディネート。

かごバッグで
軽やかに。

白い靴できちんと感を
出しました。

C デイリーオーバーオールを ナチュラルコットンHOLIDAYで

動きやすくて、自分で脱ぎ着しやすい
オーバーオールは1枚あると重宝します。
裾を折ると足もとの着こなしに
変化がつけられるのもGood。
身長123cm 120サイズ着用

動きやすさも重視して、
ワッフルのカットソーを
合わせました。

小物はブラックで
引き締めて。

レザーの
レースアップブーツで
シックに。

F スクエアネックのギャザーブラウスを　コットンプリント　フロリエットで

たっぷり入ったギャザーがかわいく、
パンツを合わせても女の子らしく見えます。
プリント地はもちろん、
元気いっぱいの明るい色の無地で作っても。
身長123cm 120サイズ着用

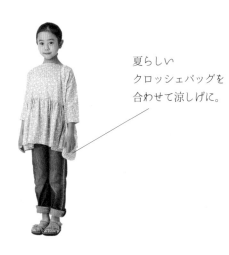

夏らしい
クロッシェバッグを
合わせて涼しげに。

シックな花柄のブラウス
に色落ちしたデニムを合
わせてドレスダウン。

ブラウスの色に合わせて、
グレーのサンダルに。

B フロントギャザーのワンピース　をコットンパピエで

ナチュラルなしわ感と張りがあり、
ワンピースのシルエットが出やすい布です。
リバティプリントのバッグと合わせたり、
ふわふわのモヘアのカーディガンをはおったり、
いろいろな組合せが楽しめそうです。
身長123cm 120サイズ着用

カチューシャで色と柄を加えて
女の子らしく。

うさぎの
ポシェットを
ポイントに。

ソックスを差し色に、
足もとは白ですっきりと。

Fabrics

この本で使用した布

————————

この本で使用した布をすべてご紹介します。
C&SはCHECK&STRIPEの略です。

P.8 A
リバティプリント コーティング
Strawberry Feast（◎J19C グレイッシュブラウン地）

ロバート・ルイス・スティーブンソンの詩集『子供の詩の園』をもとにしたオリジナル・デザイン・コレクションの中のひとつです。夏の饗宴のために青い鳥が運んできたイチゴが描かれています。

P.10 C
C&Sオリジナル ボーイフレンドチノクロス きなり

備後地方で高密度に織り上げた布を生機の状態のまま小さな窯で染めているため、ナチュラルでふくらみのある独特な風合いが持ち味の希少なコットン。

P.9 B. COVER FLAP L,M
C&Sオリジナル コットンパピエ ストライプ ネイビー（7mm幅）

チェックとストライプはたて糸を共通で織ることができるため、どちらも同時に作ることがよくあります。作り手にとっても楽しいこと。ネイビーはできるだけ濃くはっきりした色に仕上げました。

P.12 D. COVER FLAP L,M
C&Sオリジナル 海のブロード ネイビーブルー

単なるブロードとは一線を画した国産のコットン。ブロードの素朴で優しい質感を生かし、静岡県で染めた生地。できるだけ化学的な処理をせず洗いをかけたナチュラルなしわが特徴です。

P.14 E
C&Sオリジナル
ドットミニヨン 白にピンク

コンパクトヤーンで織った繊細な透け感のある布に、部分的に入れた太いよこ糸をカットすることにより全体にドット柄を表現。織布から最終加工まですべて兵庫県西脇市で行なっています。

P.15 F
リバティプリント
Nellie（◎J12C イエロー）

1972年にデザインされ、1974年に初めてプリントされました。2色構成の小さいベリーがレイアウトされたデザイン。ベリーの色によって印象が変わり、かわいさや大人っぽさを表現できます。

P.16 G, P.27 Q
リバティプリント
Annabella（CE 赤・ピンク系）

1930年代の典型的な花柄。小さな生地見本からリドローされた様々な種類の花が描かれたデザイン。赤や黄色、ブルーの花が描かれた、少しオリエンタルな雰囲気がある華やかな柄です。

P.19 H
リバティプリント Emilia's
Flowers（ZE ブルー系）

アーカイブから選ばれ丁寧にインクで描きなおされたリバティプリント特有の密集した小花柄。白地にブルー系の色づけはネイビーをベースに描かれ、理知的な印象を与えてくれます。P.22 Kのうちの1枚に色違いを使用。

P.19 I
C&Sオリジナル カラーリネン
フォゲットミーノット

愛知県で織ったこの布の風合いはしなやかで丈夫。太めの糸を使い一般的なリネンより高密度に織っています。洋服だけでなく雑貨にも使えるリネンに、忘れな草のような可憐な色づけをしました。

P.20 J
C&Sオリジナル コットンパピエ
ギンガムチェック グリーン

パピエとは仏語で「紙」。ワッシャー加工で紙のような手触りにしたコットンパピエはなかなか他の工場では織れない貴重な定番のコットン。細い糸を密に織っているため明るく若々しいグリーンの色が映えます。

P.22 K, P.23 L,M
リバティプリント Betsy
（LPE ブルーグレー・ピンク系）

1933年にDSというデザイナーがリバティ社のためにデザインした柄。DSは人気のある柄を多く残しており、この柄も1982年にクラシックコレクションに加入以来不動の人気を誇っています。

P.22 K, P.23 L,M
リバティプリント
Claire-Aude（DE ピンク系）

小花モチーフをラフなタッチで描いた柄。咲き乱れるように描かれた緻密な花柄は、1982年に初めてクラシックコレクションで発表されて以来、常にリバティファンに愛され続けています。

P.22 K, P.23 L,M
リバティプリント Emilia's
Flowers（YE ピンク系）

2010年春夏コレクションで発表されたリバティプリント特有の密集した小花柄です。アーカイブに保管されていた、らせん状に描かれた薔薇の生地見本をもとに、丁寧に描きなおされました。

P.22 K, P.23 L,M
リバティプリント
Emma and Georgina
（KE アゼリアピンク系）

2011年秋冬のテーマ「クラシックスタイル」の中の1柄で、リバティプリントの王道でもある愛らしいカラフルな小花柄。1970年と2001年に発表された柄からリドローされました。

P.23 L,M
C&Sオリジナル 海のブロード
グレイッシュピンク

P.12 Dの色違い。コットンの素朴で優しい質感を生かした後染めのブロード生地。国内で高密度に織り、洗いをかけたナチュラルなしわが特徴です。たくさんの色展開があり、気軽に使えるのも長所です。

P.24 N, P.29 T
C&Sオリジナル ウール
マフィーユ オフホワイト

生地になるべくテンションをかけず、通常の仕上げ方法の約3倍の時間をかけて1反ずつ洗うことにより、たて糸とよこ糸が自然に少しずつ収縮した、ふんわりとふくらみのある愛知県産のウールです。

P.24 N
C&Sオリジナル　ナチュラル
コットンHOLIDAY　きなり

パンツやジャケットなどの洋服だけでなく、今回のように雑貨やインテリアなどにも使いやすいきなり。質感にこだわって国内で織っています。

P.25 O
C&Sオリジナル　リネン混ダンガリーソフト　グレイッシュピンク

たて糸にコットン、よこ糸に麻を50%含んだ糸を使用。兵庫県多可町で織りました。コットンの柔らかさと麻ならではのナチュラル感が特徴です。ボトムスに使っても丈夫で、ざぶざぶ洗っていただけます。

P.26 P
C&Sオリジナル　my favorite cotton　ホワイト

その名のとおり、こんなコットンがあれば……と企画し、やっと完成した布。静岡県で織られた薄くて軽い緻密なタイプライタークロスは、シャツやブラウス、ギャザーの入ったワンピースにおすすめです。

P.26 I
リバティプリント　Claire-Aude
（AE ブルー系）

ラフなタッチで描いた小花モチーフ柄。『CHECK & STRIPEのおとな服 ソーイング・レメディー』の表紙のラップコートでも使用しているので、おそろいコーディネートもおすすめです。

P.27 Q
リネン　ホワイト

ソフトな風合いを出すために、麻のこしを折り、国内で製織。和歌山県で加工し、しっとりとした柔らかさをプラス。ロングセラーのリネンは作るものを選ばず洗う度に柔らかさが増します。

P.27 R
C&Sオリジナル　コットンパピエ
ギンガムチェック　ブルー
（7mm幅）

P.20 Jの柄の大きさ違い。紙のようにパリッとしたコットンは毛羽の少ない細番手の糸を兵庫県で染め、高密度に織っています。1日に100mしか織れない貴重な布。

P.28 S
C&Sオリジナル　ナチュラル
コットンHOLIDAY　オートミール

40番手の単糸を高密度に国内で織り、静岡県浜松市で染色。休日にはナチュラルなコットンの洋服を楽しんでほしいという思いから作りました。顔映りのいいグレイッシュな色を追求しました。

P.30 U
リバティプリント　Meadow
Tails（©J20D パステル系）

企画から色づけまで、英国のリバティ・ファブリックスのデザインチームやリバティジャパンと共に作ったCHECK & STRIPEだけの特別柄。動物たちのかわいさと花の様子が可憐な柄です。

P.33 J
C&Sオリジナル　sunny days
stripe　ブルー×ホワイト　太

さらりとした気持ちのいいコットン。兵庫県で織り、ワッシャー加工を施しました。両耳に赤ステッチのアクセントを加え、ナチュラル感を出しました。

P.35 C
C&Sオリジナル フレンチコーデュロイ 太うね ブルーグレー

畝の太さはフレンチコーデュロイの約3倍。厚みのあるしっかりとした布を静岡県で染めました。コーデュロイ特有の光沢があり、生地にふくらみがあるため、しなやかな風合いに仕上がっています。

P.36 V
C&Sオリジナル フレンチコーデュロイ ラベンデューラ

秋冬に人気の薄手のコーデュロイ。静岡県のコーデュロイ専門工場で染め上げることで、深い色と光沢を出し柔らかい風合いに仕上げました。ラベンダーとグレーを混ぜたようなモーブに色づけしました。

P.37 W
C&Sオリジナル
カシミヤフリース　グレー

カシミヤ100%のニットを圧縮して起毛を施し、フリース調に仕上げています。ふんわりとして軽く保温性にも優れています。愛知県で編んだ、なめらかで柔らかい肌触りのカシミヤニットです。

P.38 I
**C&Sオリジナル フレンチコー
デュロイ ベリー**

P.36 Vの色違い。秋冬に人気で、静岡
県のコーデュロイ専門工場で染め上
げた薄手のコーデュロイ。柔らかい風
合いです。果実のようにシックで、着こ
なしやすい赤の色にこだわりました。

P.39 I,X
**C&Sオリジナル フレンチパイル
ミルクココア**

パイル組織に起毛を施して、和歌山県
で編んだニット。裏面は目の詰まった
フラットな仕上りの軽量でしっかりと
した暖かい生地。ミルクココアのよう
な、優しいミルキーな色を表現しまし
た。

COVER FLAP L,M
**C&Sオリジナル 海のギンガム
チェック ネイビー**

50番手の綿糸を兵庫県西脇市で高密
度に織り、洗いを施した先染めチェック
の布。しっかりとした洗い仕上げで、
ふっくらとした柔らかさとナチュラル
なしわ感が特徴。

COVER FLAP L,M
**C&Sオリジナル 100そうギン
ガムチェック ネイビー**

上質なギンガムチェックを作りたいと
いう願いから超細番手のコットン100
番単糸を2本撚り合わせた双糸を使っ
て織った兵庫県西脇市産の布。上品
な光沢感とシルキーなタッチのギン
ガムチェックです。

P.42 U
**リバティプリント Woodland
Betsy (©J20B ライトブルーグ
リーン地にピンク・グレー系)**

FergusとBetsyの2柄から生まれた
CHECK & STRIPEだけの特別柄。企画
から色づけまで英国のリバティ・ファ
ブリックスのデザインチームやリバ
ティジャパンと作った柄です。

P.43 F
**C&Sオリジナル コットンプリン
トフロリエット ストーン**

柔らかな光沢感、しっとりした手触りが
心地よい60番手の細い糸で織った上
質なローン生地。軽くて上品な風合い
のこの布に、フランスのアンティークの
柄を配し、静岡県浜松市でプリントしま
した。

COVER FLAP L,M
**C&Sオリジナル 星の綿麻
ネイビーに白**

コットンとリネンの混紡糸を使い、大阪
府で織った布はコットンの柔らかさと
麻のシャリ感があります。ふわりとした
軽やかな透け感のあるこの布に、星の
プリントを静岡県浜松市に施しました。

P.42 C
**C&Sオリジナル ナチュラルコッ
トン HOLIDAY キャラメルブ
ラウン**

P.28 Sの色違い。季節を選ばない目が
詰まった定番のコットンです。適度に生
まれた張りが独特の表情を作り、ボト
ムスにも最適。コーディネートしやすい
華やかなブラウンに染めました。

P.43 B
**C&Sオリジナル コットンパピエ
あずきクリーム**

独特のワッシャー加工によって、きれ
いな中にもナチュラルな雰囲気があ
り、縫いやすい兵庫県西脇市産の布。
シャツやブラウス、ワンピースなどに。
日本人の肌に合う優しいシックな色に
こだわりました。

Shop List

ONLINE SHOP

CHECK&STRIPEは1999年から始まったONLINE SHOPです。リネン、コットン、リバティプリントなど、肌触りのよい、やさしい色合いの布を国内で独自に製作しています。布のほかに、アップリケやリボン、パターンなどもONLINEで24時間お買い物をしていただけます。サイトでは、てづくりをされるお客様に楽しんでいただけるような読み物やスタッフ・お子様のコーディネート例などもご紹介しています。

checkandstripe.com

THE HANDWORKS

THE HANDWORKSでは、お好きな布をお店で選んでいただき、お気に入りのCHECK&STRIPEのデザインで、あなただけのお洋服をお作りします。各SHOPで承っております。※既存のCHECK&STRIPEのパターンやCHECK&STRIPEの書籍のデザイン・サイズでのお仕立てとなります。

the-handworks.com

REAL SHOP

神戸店

三宮センター街を少し南に入った場所にある小さな3階建ての建物。1階のショップでは布以外に、副資材やキットなども豊富にそろえています。2階ではソーイング教室や数々のワークショップを行なっており、3階はイベントスペースになっています。

〒650-0021 兵庫県神戸市中央区三宮町2-6-14
TEL: 078-381-8824
営業時間 10:00-19:00 無休（年末年始を除く）

自由が丘店

定番の布以外に、海外で見つけたボタンやアップリケなど豊富にそろえています。駅から3分という立地のよさで、幼稚園の送迎帰りのママやお仕事帰りのかたにもご利用いただいています。お子様が遊べる小さなコーナーもあり、安心してお買い物していただけます。

〒152-0034 東京都目黒区緑が丘2-24-13-105
TEL: 03-6421-3200
営業時間 10:00-19:00 無休（年末年始を除く）

workroom（自由が丘）

自由が丘店の向かいにある自然光が入るキッチンつきのスペース。ソーイングレッスンや縫い物のほかに、お料理など様々なジャンルのワークショップ、イベントなどを開催しています。じっくり試着していただけるスペースもあるので、お仕立てもゆったりと承ることができます。

〒152-0035 東京都目黒区自由が丘1-3-11-106
TEL:03-6421-3200（自由が丘店共通）

fabric&things（芦屋）

芦屋川沿いにある絶好のロケーション。布だけでなく雑貨コーナーも充実しています。ワークショップを行なっている地下のスペースは設備も整い、ゆったり広々。ソーイングや暮らしにまつわる本をセレクトしたブックコーナーもあります。週末はカフェも。

〒659-0094 兵庫県芦屋市松ノ内町4-8-102
TEL:0797-21-2323
営業時間 10:00-19:00 無休（年末年始を除く）

吉祥寺店

雑貨屋さん、パン屋さんなどでにぎわう大正通りにあります。広く明るい店内には、ソーイングルームもあり、ミシンを4台備え、ソーイングのほか、てづくりにまつわる様々なジャンルのワークショップも行なっています。

〒180-0004 東京都武蔵野市吉祥寺本町2-31-1
TEL:0422-23-5161
営業時間 10:00-19:00 無休（年末年始を除く）

little shop（鎌倉）

鶴岡八幡宮から由比ヶ浜に抜ける若宮大路沿いにあります。小さな店ですが、反物を置く什器が2段になっていて、たくさんの種類のリネンやリバティプリントを用意しています。光と風が入るゆったりした時間の中で、じっくり布を選んでいただけます。

〒248-0014 神奈川県鎌倉市由比ガ浜2-16-1
TEL:0467-50-0013
営業時間 10:00-18:30 無休（年末年始を除く）
※他の店舗と閉店時間が異なりますのでご注意ください。

HOW TO MAKE

●本書では、100、110、120、130、140 の 5 サイズがあります。サイズ表（ヌード寸法）と各作品の出来上り寸法を目安に、パターンのサイズを選んでください。

Size	100	110	120	130	140
バスト	54	58	62	66	70
ウエスト	49	51	53	55	57
ヒップ	57	60	64	68	72

●出来上り寸法の着丈は、後ろ身頃の衿ぐりの中心から裾までをはかったものです。

●モデルの身長は 110 〜 112cm、110 サイズを着用しています。

●コットンやリネンの布は洗うと縮む可能性があるので、裁断する前に水通しをし、地直ししてください。

●付録の実物大パターンには縫い代が含まれていないので、縫い代つきのパターンを作ります。ハトロン紙に線を写し取り、合い印、布目線、あき止り、パーツ名なども書き写します。作り方ページの裁合せ図に指定してある縫い代をつけて線を引き、ハトロン紙を縫い代線にそって切り取ります。

●直線だけのスカートやひもなどは、裁合せ図や製図に記載の寸法を見てパターンを作るか、布地に直接線を引いて裁断します。このときも、指定の縫い代をつけるのを忘れずに。

●裁合せ図は 110 サイズで見積もっています。裁合せ図を参照して布地の上に縫い代つきパターンを配置します。作りたいサイズや布幅や柄によって配置や布の使用量が変わる場合がありますので、あらかじめ、すべてのパターンを置いてから裁断しましょう。

●裁断したら、パターンを布地にとめたままチョークペーパーをはさんでルレットで印をつけます。ただし、白い布地を縫うときはチョークペーパーを使わず、へらを使って印つけをすることをおすすめします。

●作り方に記載されているジグザグミシンの処理は、ロックミシンでも可能です。

●作り方ページのイラストの中の単位は cm です。

A フラワーマーケットバッグ

page8　実物大パターンなし

出来上り寸法	ワンサイズ

幅35×高さ24×奥行き12cm

材料	ワンサイズ

表布：リバティプリント コーティング Strawberry Feast（◎J19C グレイッシュブラウン地）105cm幅 50cm

裁合せ図

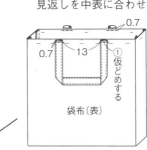

105cm幅　50 48 68 5 3 50cm
持ち手　持ち手
14 見返し
12 47 49
26 24 側面布 側面布 袋布 袋布 30 32
35
37

＊縫い代はすべて1cm

＊方向性のある柄の場合は出来上りの向きに注意してはぎ合わせる

1. 持ち手を作る

3　0.1〜0.2　1
持ち手（表）　ミシン　2本作る

2. 袋布の底を縫う

底
1
①ミシン　1　袋布（裏）
（裏）縫い代は割る
②表側からミシン　0.5

縫い方順序

4　1　5　3　6　2

3. 袋布と側面布を中表に合わせて縫う

②側面布側に倒す

側面布（裏）　①ミシン　1　袋布（裏）

袋布（裏）　1
側面布（表）　1
0.2手前まで切込みを入れて開く

4. 見返しの脇を縫う

見返し（表）　②表側からミシン
1　0.5
1　1
①ミシン　③1折る
縫い代は割る

5. 持ち手を袋口に仮どめし、袋布と見返しを中表に合わせて袋口を縫う

0.7
0.7　13　①仮どめする
袋布（表）

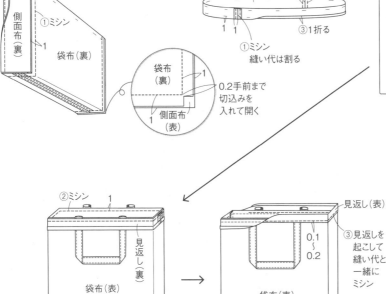

②ミシン　1
見返し（裏）
袋布（表）

見返し（表）
0.1〜0.2　③見返しを起こして縫い代と一緒にミシン
袋布（表）

6. 見返しの奥を袋布にミシンでとめる

0.1〜0.2
見返しを袋布にミシンでとめる
袋布（表）

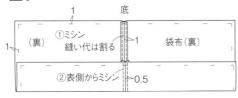

50

B フロントギャザーのワンピース

page9,43　実物大パターンA面

出来上り寸法	100	110	120	130	140
バスト：	77cm	81cm	85cm	89cm	93cm
着丈：	62cm	68cm	74cm	80cm	88cm
袖丈：	21cm	24cm	27cm	30cm	33cm

材料　左から100／110／120／130／140サイズ

表布：p.9 C&Sコットンパピエストライプ（ネイビー 7mm幅）105cm
幅 1.5m／1.6m／1.8m／1.9m／2.5m
p.43 C&Sコットンパピエ（あずきクリーム）105cm幅 1.5m／1.6
m／1.8m／1.9m／2.5m
接着テープ（前ポケット口）：1.5cm幅 40cm
ゴムテープ：2.5cm幅 15cm／16cm／17cm／18cm／19cm
ボタン：直径1cm 1個

裁合せ図

衿ぐり用
バイアス布(1枚)
44/46/47/48/49

約20

スラッシュあき用
バイアス布(1枚)

当て布(1枚)
21/22/23/24/25

袖(1枚)

2.5

袋布A
(2枚)

袋布B
(2枚)

前
(1枚)

後ろ
(1枚)

ポケット口

わ

105cm幅

＊数字は左から100、110、120、130、140サイズ
＊指定以外の縫い代は1cm
＊▨は裏に接着テープをはる
＊〜〜〜はジグザグミシンをかける

縫い方順序

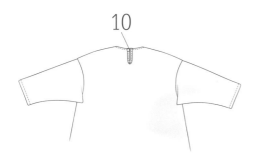

B

1. 前身頃に当て布をつけてゴムテープを通す

前(裏)　　　　　　　　　　　　前(裏)

1手前で縫い止める

1　　　1
当て布(表)
1　　①ミシン

ゴムテープ
ゴムテープを
出来上りから
1出す
1
②出来上りに3回ミシンでとめる

2. 身頃の肩を縫う → p.59参照

3. 衿ぐりを共布バイアス布で始末する

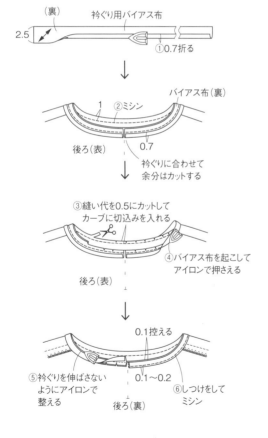

(裏)　衿ぐり用バイアス布
2.5
①0.7折る

②ミシン　バイアス布(裏)
1
後ろ(表)　0.7
衿ぐりに合わせて
余分はカットする

③縫い代を0.5にカットして
カーブに切込みを入れる
後ろ(表)
④バイアス布を起こして
アイロンで押さえる

0.1控える
⑤衿ぐりを伸ばさない
ようにアイロンで
整える
0.1〜0.2
後ろ(裏)
⑥しつけをして
ミシン

4. 後ろ中心にスラッシュあきを作る

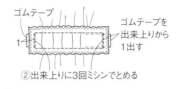

スラッシュあき用バイアス布(裏)
0.7
3
0.7
①半分に折る
約20

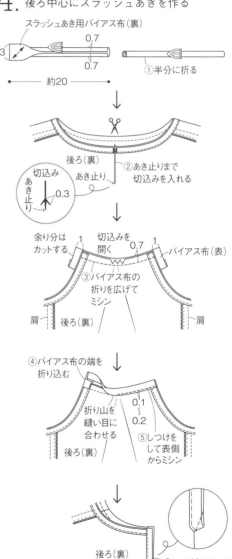

後ろ(裏)
切込み
あき止り
0.3
②あき止りまで
切込みを入れる
あき止り

余り分は
カットする
切込みを
開く
1　0.7　1
バイアス布(表)
③バイアス布の
折りを広げて
ミシン
肩　後ろ(裏)　肩

④バイアス布の端を
折り込む
折り山を
縫い目に
合わせる
0.1
〜
0.2
後ろ(裏)
⑤しつけを
して表側
からミシン

後ろ(裏)
⑥二つ折りにして
3回ミシン

5. 袖をつける

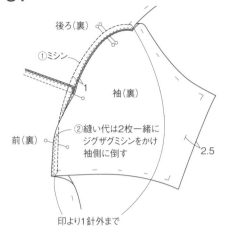

後ろ(裏)
①ミシン
袖(裏)
1
②縫い代は2枚一緒に
ジグザグミシンをかけ
袖側に倒す
前(裏)
2.5
印より1針外まで

6. ポケット口を残して脇と袖下を続けて縫う
→ p.102ポケットB参照

7. ポケットを作る → p.102ポケットB参照

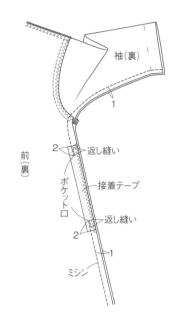

袖(裏)
1
前(裏)
2 ── 返し縫い
ポケット口
接着テープ
返し縫い
2
1
ミシン

8. 袖口を三つ折りにして縫う

9. 裾を三つ折りにして縫う

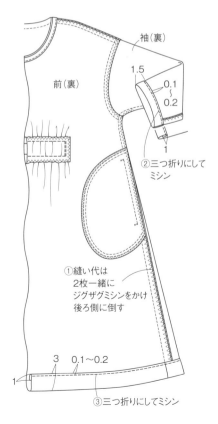

袖(裏)
前(裏)
1.5
0.1
〜
0.2
1
②三つ折りにして
ミシン
①縫い代は
2枚一緒に
ジグザグミシンをかけ
後ろ側に倒す
3 0.1〜0.2
1
③三つ折りにしてミシン

10. 後ろ衿ぐりにボタンと糸ループをつける
→ p.103参照

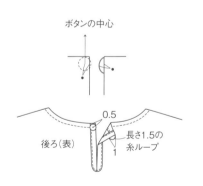

ボタンの中心
0.5
後ろ(表)
1
長さ1.5の
糸ループ

B

C デイリーオーバーオール

page**10,35,42** 実物大パターンA面

出来上り寸法	100	110	120	130	140
ウエスト：	66cm	69cm	73cm	77cm	81cm
ヒップ：	71cm	74cm	78cm	82cm	86cm
股下：	34.5cm	40.5cm	46.5cm	52.5cm	58.5cm

材料　左から100／110／120／130／140サイズ

表布：p.10 C&Sボーイフレンドチノクロス（きなり）110cm幅 1.3
m／1.5m／1.6m／1.8m／2.2m
p.35 C&Sフレンチコーデュロイ 太うね（ブルーグレー）103cm幅
1.3m／1.5m／1.6m／1.8m／2.2m
p.42 C&SナチュラルコットンHOLIDAY（キャラメルブラウン）110
cm幅 1.3m／1.5m／1.6m／1.8m／2.2m
接着芯（胸当て見返し）：横30×縦10cm
接着テープ（前パンツポケット口）：1.5cm幅 40cm
ボタン：直径1.15cm 2個

縫い方順序

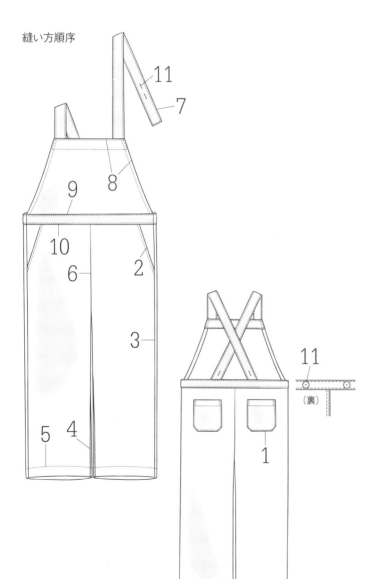

裁合せ図

103cm／110cm幅

＊指定以外の縫い代は1cm
＊ ▨ は裏に接着芯または接着テープをはる
＊ ∿∿∿ はジグザグミシンをかける

1. 後ろポケットをつける

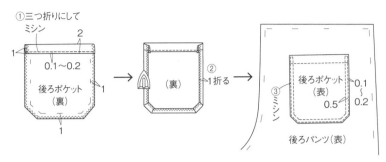

①三つ折りにして ミシン
2
1
0.1〜0.2
後ろポケット（裏）
1
1

→

（裏）
② 1折る

→

③ミシン
後ろポケット（表）
0.1〜0.2
0.5
後ろパンツ（表）

2. 脇ポケットを作る

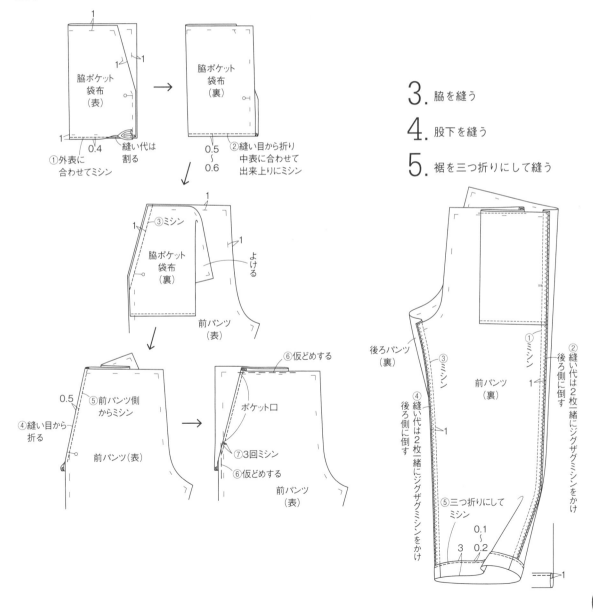

1
1
1
脇ポケット袋布（表）
1
0.4
縫い代は割る
①外表に合わせてミシン

→

脇ポケット袋布（裏）
0.5〜0.6
②縫い目から折り中表に合わせて出来上りにミシン

↓

1
1
③ミシン
脇ポケット袋布（裏）
1
よける
前パンツ（表）

↓

0.5
⑤前パンツ側からミシン
④縫い目から折る
前パンツ（表）

→

⑥仮どめする
ポケット口
⑦3回ミシン
⑥仮どめする
前パンツ（表）

3. 脇を縫う

4. 股下を縫う

5. 裾を三つ折りにして縫う

①
ミシン
後ろパンツ（裏）
③ミシン
前パンツ（裏）
②縫い代は2枚一緒にジグザグミシンをかけ後ろ側に倒す
1
④縫い代は2枚一緒にジグザグミシンをかけ後ろ側に倒す
1
⑤三つ折りにしてミシン
0.1〜0.2
3

1

6. 股ぐりを縫う

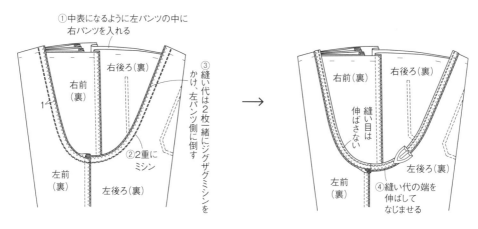

①中表になるように左パンツの中に右パンツを入れる

右後ろ(裏)

右前(裏)

1

左前(裏)

左後ろ(裏)

②2重にミシン

③縫い代は2枚一緒にジグザグミシンをかけ、左パンツ側に倒す

右前(裏)

右後ろ(裏)

縫い目は伸ばさない

左前(裏)

左後ろ(裏)

④縫い代の端を伸ばしてなじませる

7. 肩ひもを縫う

②カットする　1　①ミシン

1

肩ひも(裏)

1

12

返し口

↓ 表に返す

肩ひも(表)

0.1〜0.2

③縫い目から折ってミシン

2本作る

8. 胸当て見返しの奥を出来上りに折り、胸当てと胸当て見返しを中表に合わせ、肩ひもをはさんで縫う

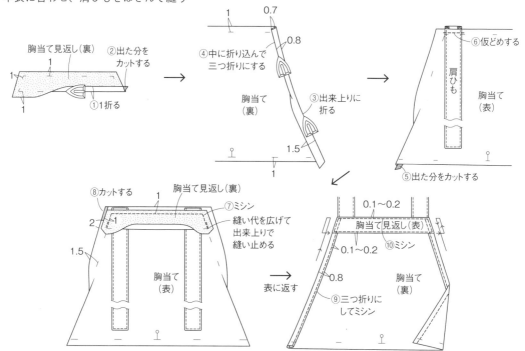

胸当て見返し(裏)

②出た分をカットする

1

1

1

①1折る

1

0.7

0.8

④中に折り込んで三つ折りにする

胸当て(裏)

③出来上りに折る

1.5

1

⑥仮どめする

肩ひも

胸当て(表)

⑤出た分をカットする

⑧カットする　1　胸当て見返し(裏)

2

1

1.5

⑦ミシン

縫い代を広げて出来上りで縫い止める

胸当て(表)

表に返す

0.1〜0.2

胸当て見返し(表)

0.1〜0.2

⑩ミシン

0.8

⑨三つ折りにしてミシン

胸当て(裏)

9. 表ベルト、裏ベルトの脇を縫い、表ベルトと裏ベルトで
胸当てをはさんで縫う

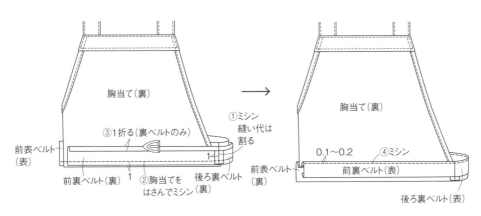

胸当て(裏)

③1折る(裏ベルトのみ)

①ミシン
縫い代は
割る

前表ベルト
(表)

前裏ベルト(裏)　1

②胸当てを
はさんでミシン

後ろ裏ベルト(裏)

胸当て(裏)

0.1～0.2　④ミシン

前表ベルト(表)

前裏ベルト(表)

後ろ裏ベルト(表)

10. 表ベルトとパンツを縫い合わせ、裏ベルトをミシンでとめる

11. 肩ひもにボタン穴を作り、後ろ裏ベルトにボタンをつける

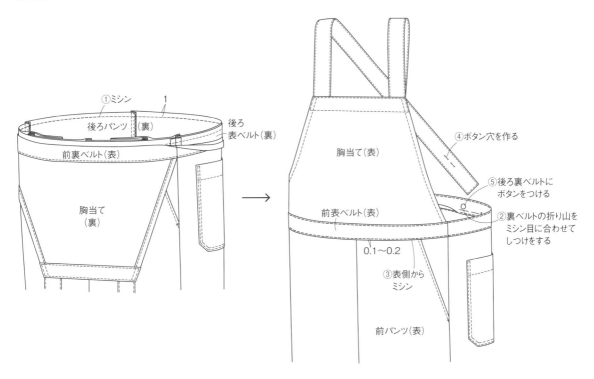

①ミシン　1

後ろパンツ(裏)

後ろ
表ベルト(裏)

前裏ベルト(表)

胸当て
(裏)

胸当て(表)

④ボタン穴を作る

⑤後ろ裏ベルトに
ボタンをつける

前表ベルト(表)

②裏ベルトの折り山を
ミシン目に合わせて
しつけをする

0.1～0.2

③表側から
ミシン

前パンツ(表)

D 小さな衿のワンピース

page 12　実物大パターンB面

出来上り寸法	100	110	120	130	140
バスト：	74cm	78cm	82cm	86cm	90cm
着丈：	59cm	65cm	71cm	77cm	85cm
袖丈：	18cm	21cm	24cm	27cm	30cm

材料　左から100／110／120／130／140サイズ

表布：C&S海のブロード（ネイビーブルー）110cm幅 1.6m／1.7
m／1.9m／2.1m／2.3m
接着芯（表衿、前見返し）：90cm幅 40cm／40cm／40cm／50cm／
50cm
接着テープ（前ポケット口）：1.5cm幅 40cm
ボタン：直径1cm 4個

裁合せ図

＊指定以外の縫い代は 1 cm
＊▨▨▨ は裏に接着芯または接着テープをはる
＊〰〰〰 はジグザグミシンをかける

縫い方順序

58

1. 前見返しの奥を二つ折りにして縫い、前端から折る

2. 身頃の肩を縫う

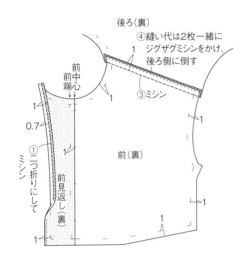

後ろ（裏）
④縫い代は2枚一緒に
ジグザグミシンをかけ、
後ろ側に倒す
③ミシン

前
前中 前端
心
1
0.7
①二つ折りにして
ミシン
前見返し（裏）
前（裏）

1

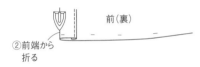

前（裏）
②前端から
折る

3. 衿を作る

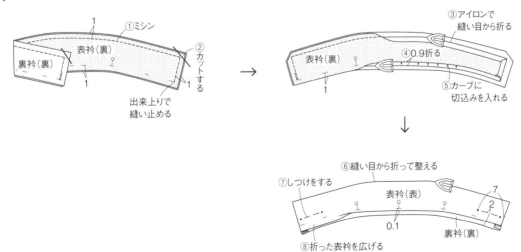

①ミシン
表衿（裏）
②カットする
裏衿（裏）
出来上りで
縫い止める

③アイロンで
縫い目から折る
表衿（裏）
④0.9折る
⑤カーブに
切込みを入れる

⑥縫い目から折って整える
⑦しつけをする
表衿（表）
7
2
0.1
裏衿（裏）
⑧折った表衿を広げる

D

D

4. 衿をつける

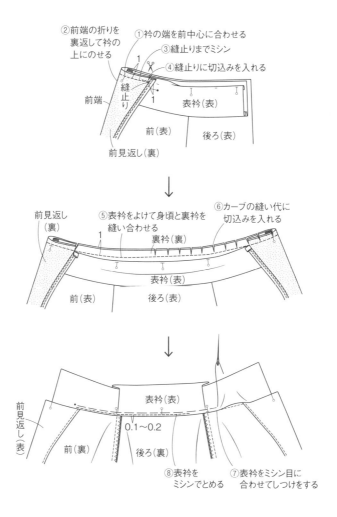

②前端の折りを裏返して衿の上にのせる
①衿の端を前中心に合わせる
③縫止りまでミシン
④縫止りに切込みを入れる
前端
縫止り
1
前見返し(裏)
表衿(表)
前(表)
後ろ(表)

前見返し(裏)
⑤表衿をよけて身頃と裏衿を縫い合わせる
⑥カーブの縫い代に切込みを入れる
1
裏衿(裏)
表衿(表)
前(表)
後ろ(表)

前見返し(表)
表衿(表)
0.1〜0.2
前(裏)
後ろ(裏)
⑧表衿をミシンでとめる
⑦表衿をミシン目に合わせてしつけをする

5. 袖をつける → p.53参照

6. 脇と袖下を続けて縫う

7. 袖口を三つ折りにして縫う

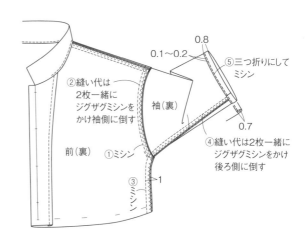

0.8
0.1〜0.2
⑤三つ折りにしてミシン
②縫い代は2枚一緒にジグザグミシンをかけ袖側に倒す
袖(裏)
0.7
④縫い代は2枚一緒にジグザグミシンをかけ後ろ側に倒す
前(裏)
①ミシン
③ミシン
1

8. ポケット口を残して前後スカートの脇を縫う → p.102ポケットB参照

9. ポケットを作る → p.102ポケットB参照

10. 裾を三つ折りにして縫い、ウエストにギャザーを寄せる

11. 身頃とスカートを縫い合わせる

12. ボタン穴を作り、ボタンをつける → p.103参照

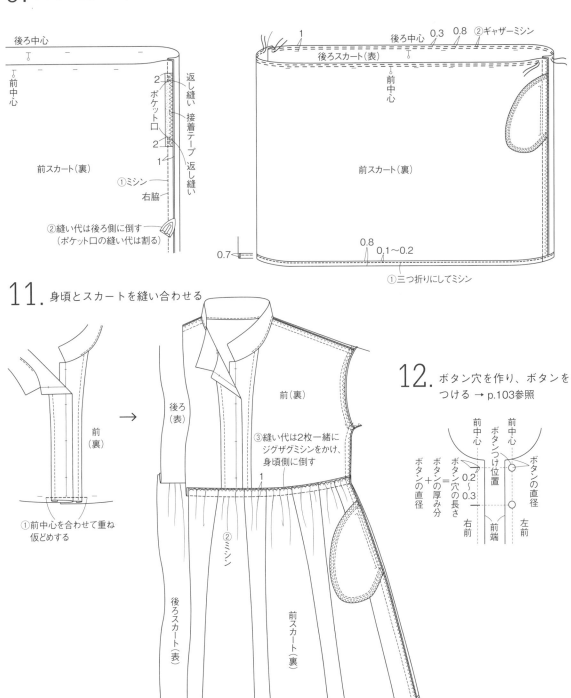

D

F スクエアネックの
ギャザーブラウス

page**15,43** 実物大パターン**C**面

出来上り寸法	100	110	120	130	140
バスト：	88cm	92cm	96cm	100cm	104cm
着丈：	43cm	46.5cm	51.5cm	56.5cm	62.5cm
袖丈：	16.5cm	19.5cm	22.5cm	25.5cm	28.5cm

材料　左から100／110／120／130／140サイズ

表布：p.15 リバティプリント Nellie（◎J12C イエロー）108cm幅
1.2m／1.2m／1.3m／1.4m／1.6m
p.43 C&Sコットンプリント フロリエット（ストーン）110cm（プリント有
効幅105cm）1.2m／1.2m／1.3m／1.4m／1.6m
接着芯（前後衿ぐり見返し）：90cm幅 20cm
ボタン：直径1cm 1個

縫い方順序

裁合せ図

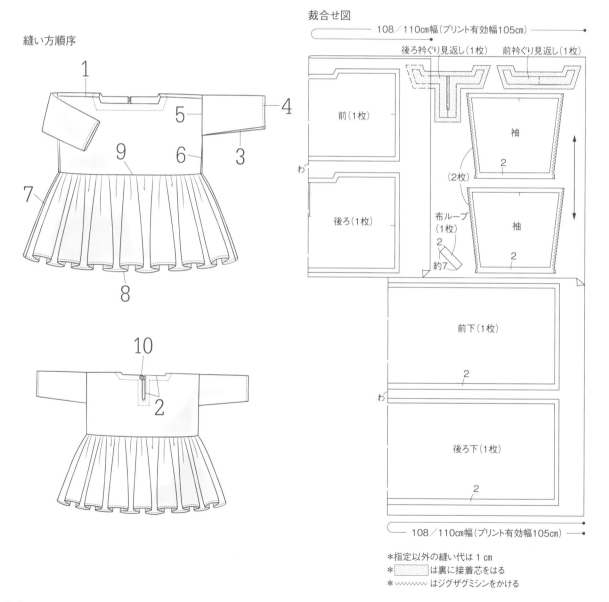

＊指定以外の縫い代は 1 cm
＊ ▨ は裏に接着芯をはる
＊〜〜〜〜 はジグザグミシンをかける

1. 身頃と衿ぐり見返しの肩をそれぞれ縫う

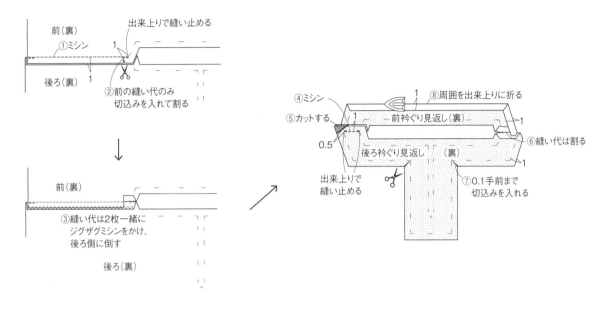

前（裏）
①ミシン
出来上りで縫い止める
1
後ろ（裏）
②前の縫い代のみ
切込みを入れて割る

前（裏）
③縫い代は2枚一緒に
ジグザグミシンをかけ、
後ろ側に倒す
後ろ（裏）

④ミシン
⑤カットする
1
0.5
出来上りで
縫い止める
⑧周囲を出来上りに折る
1
前衿ぐり見返し（裏）
後ろ衿ぐり見返し　（裏）
1
⑥縫い代は割る
1
⑦0.1手前まで
切込みを入れる

2. 布ループを作り（→ p.103参照）、つけ位置に仮どめする。
身頃と衿ぐり見返しを中表に合わせて衿ぐりとスラッシュあきを縫う

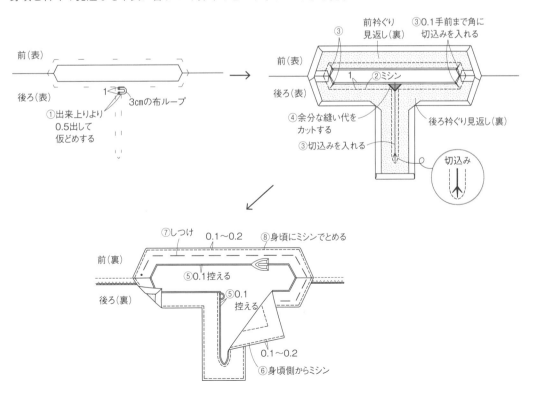

前（表）
後ろ（表）
1
3cmの布ループ
①出来上りより
0.5出して
仮どめする

③
前衿ぐり
見返し（裏）
③0.1手前まで角に
切込みを入れる
前（表）
後ろ（表）
1
②ミシン
④余分な縫い代を
カットする
③切込みを入れる
後ろ衿ぐり見返し（裏）
切込み

⑦しつけ
0.1〜0.2
⑧身頃にミシンでとめる
前（裏）
⑤0.1控える
後ろ（裏）
⑤0.1
控える
0.1〜0.2
⑥身頃側からミシン

F

3. 袖下を縫う

4. 袖口を三つ折りにして縫う

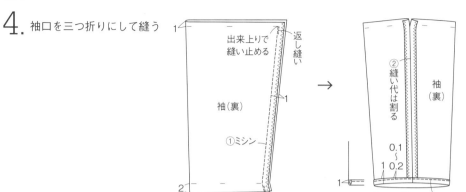

出来上りで
縫い止める

返し縫い

袖(裏)

1

①ミシン

1

2

→

②縫い代は割る

袖(裏)

0.1〜0.2

1

1

③三つ折りにしてミシン

5. 袖をつける

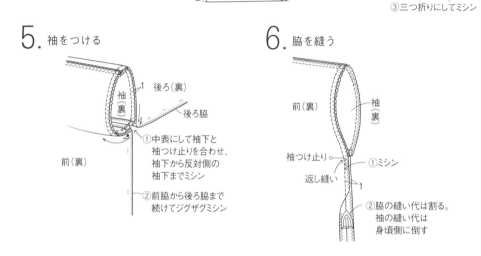

後ろ(裏)

袖(裏)

後ろ脇

前(裏)

①中表にして袖下と
袖つけ止りを合わせ、
袖下から反対側の
袖下までミシン

②前脇から後ろ脇まで
続けてジグザグミシン

6. 脇を縫う

前(裏)

袖(裏)

袖つけ止り

①ミシン

返し縫い

1

②脇の縫い代は割る。
袖の縫い代は
身頃側に倒す

7. 前下、後ろ下の脇を縫う

8. 裾を三つ折りにして縫う。
上側にギャザーを寄せる

左脇

1

後ろ中心

0.3 0.8 ④ギャザーミシン

後ろ下(表)

前中心

右脇

②縫い代は2枚一緒に
ジグザグミシンをかけ、
後ろ側に倒す

前下(裏)

1

①ミシン

1 0.1〜0.2 ③三つ折りにしてミシン

1

9. 上下の身頃を縫い合わせる

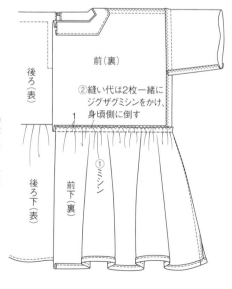

前(裏)

後ろ(表)

②縫い代は2枚一緒に
ジグザグミシンをかけ、
身頃側に倒す

1

後ろ下(表)

①ミシン

前下(裏)

10. 後ろ衿ぐりにボタンをつける → p.83、103参照

page**19** 実物大パターン**D**面

出来上り寸法	100	110	120	130	140
バスト：	87.5cm	91.5cm	95.5cm	99.5cm	103.5cm
着丈：	42cm	45cm	48cm	51cm	55cm
袖丈：	32cm	36cm	40cm	44cm	48cm

材料 左から100／110／120／130／140サイズ

表布：リバティプリント Emilia's Flowers（ZE ブルー系）108cm幅
1.5m／1.6m／1.7m／1.8m／1.9m
接着芯（前見返し、後ろ衿ぐり見返し）：90cm幅 50cm／60cm／60
cm／60cm／60cm
ボタン：直径1cm 10個
スナップ：直径1cm 1組み

裁合せ図

縫い方順序

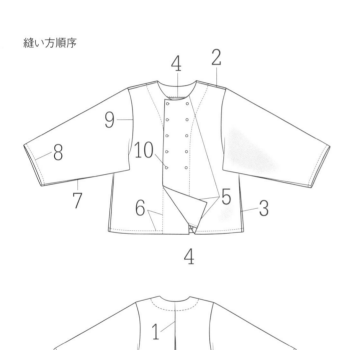

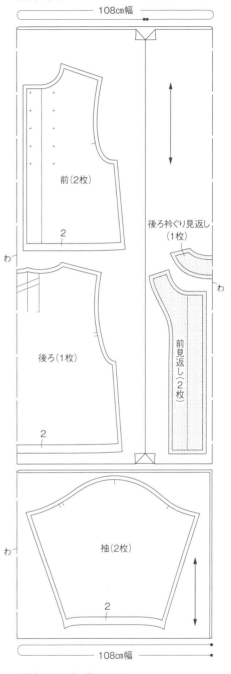

＊指定以外の縫い代は 1 cm
＊▨は裏に接着芯をはる

H

1. 後ろ中心のタックを縫止り
まで縫ってたたむ

2. 身頃の肩を縫う

3. 身頃の脇を縫う

4. 前見返しと後ろ衿ぐり
見返しの肩を縫う

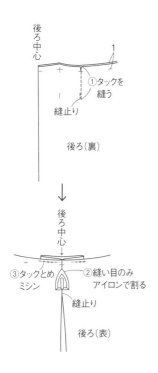

後ろ中心

①タックを
縫う

縫止り

後ろ(裏)

↓

後ろ中心

③タックとめ
ミシン

②縫い目のみ
アイロンで割る

縫止り

後ろ(表)

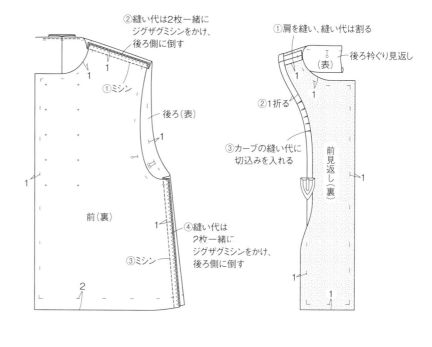

②縫い代は2枚一緒に
ジグザグミシンをかけ、
後ろ側に倒す

1

①ミシン

後ろ(表)

1

前(裏)

③ミシン

④縫い代は
2枚一緒に
ジグザグミシンをかけ、
後ろ側に倒す

2

①肩を縫い、縫い代は割る

後ろ衿ぐり見返し

(表)

②1折る

③カーブの縫い代に
切込みを入れる

前見返し(裏)

1

5. 身頃と見返しを中表に合わせて
衿ぐり、前端、前見返し裾を縫う

6. 裾を三つ折りにして、見返しの奥を
ミシンでとめ、裾を縫う

③見返し縫い代の
角をカットする

②カーブの縫い代に
切込みを入れる

③カットする

①ミシン

前見返し(裏)

1

前(表)

1

⑤カットする

④カットする

2

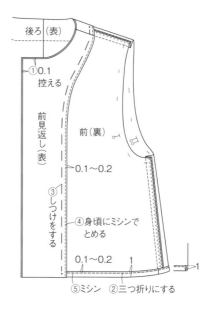

後ろ(表)

①0.1
控える

前見返し(表)

前(裏)

0.1〜0.2

③しつけをする

④身頃にミシンで
とめる

0.1〜0.2

1

⑤ミシン　②三つ折りにする

7. 袖下を縫う

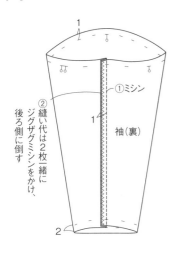

①ミシン

②縫い代は2枚一緒にジグザグミシンをかけ、後ろ側に倒す

袖(裏)

8. 袖口を三つ折りにして縫う

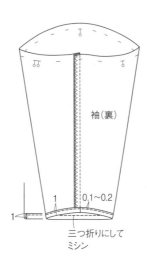

袖(裏)

0.1〜0.2

三つ折りにして
ミシン

9. 袖をつける → p.88参照

10. 右前か左前かを決めてからボタン穴を作り、ボタンとスナップをつける → p.103参照

いちばん上にスナップ

前(表)

ボタン穴
は作らず
飾りボタン
をつける

ボタン穴は
上前の前端側
にのみ作る

H

フローラルパンツ

page 19,26,38,39　実物大パターンA面

出来上り寸法	100	110	120	130	140
ウエスト：	51cm	53cm	55cm	57cm	59cm
ヒップ：	71cm	74cm	78cm	82cm	86cm
股下：	34.5cm	40.5cm	46.5cm	52.5cm	58.5cm

材料　左から100／110／120／130／140サイズ

表布：p.19 C&Sカラーリネン（フォゲットミーノット）105cm幅 1.3m
／1.6m／1.8m／2m／2.1m

p.26 リバティプリント Claire-Aude（AE ブルー系）108cm幅
1.3m／1.6m／1.8m／2m／2.1m

p.38 C&Sフレンチコーデュロイ（ベリー）105cm幅 1.3m／1.6m
／1.8m／2m／2.1m

p.39 C&Sフレンチパイル（ミルクココア）170cm幅 70cm／80cm／
90cm／90cm／1m

接着テープ（前パンツポケット口）：1.5cm幅 40cm

ゴムテープ：2cm幅 53cm／55cm／57cm／59cm／61cm

裁合せ図

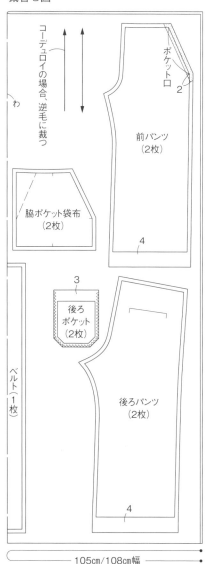

裁合せ図

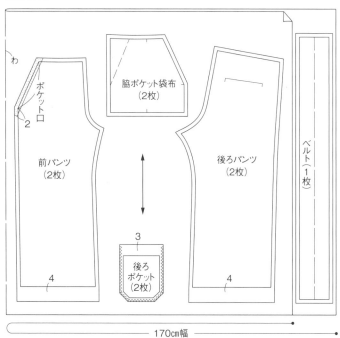

＊指定以外の縫い代は 1 cm

＊ ▨▨▨ は裏に接着テープをはる

＊ 〰〰〰 はジグザグミシンをかける

縫い方順序

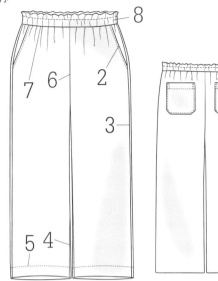

1. 後ろポケットをつける → p.55参照

2. 脇ポケットを作る → p.55参照

3. 脇を縫う → p.55参照

4. 股下を縫う → p.55参照

5. 裾を三つ折りにして縫う → p.55参照

6. 股ぐりを縫う→ p.56参照

7. 裏ベルトにゴムテープ通し口を作り、パンツにベルトをつける

8. ベルトにゴムテープを通す

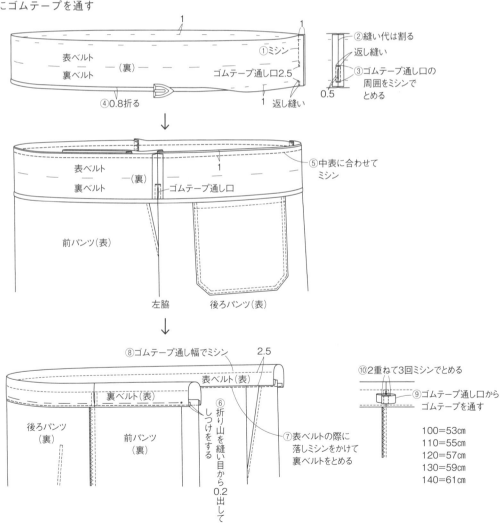

①ミシン
②縫い代は割る
返し縫い
③ゴムテープ通し口の周囲をミシンでとめる
0.5

表ベルト
裏ベルト
（裏）
ゴムテープ通し口2.5
④0.8折る
1 返し縫い

⑤中表に合わせてミシン
表ベルト
裏ベルト
（裏）
ゴムテープ通し口
前パンツ（表）
左脇
後ろパンツ（表）

⑧ゴムテープ通し幅でミシン
2.5
表ベルト（表）
裏ベルト（表）
⑥折り山を縫い目から0.2出してしつけをする
⑦表ベルトの際に落しミシンをかけて裏ベルトをとめる
後ろパンツ（裏）
前パンツ（裏）

⑩2重ねて3回ミシンでとめる
⑨ゴムテープ通し口からゴムテープを通す

100＝53cm
110＝55cm
120＝57cm
130＝59cm
140＝61cm

J フローリストエプロン

page20,33　実物大パターンA面

出来上り寸法	100	110	120	130	140
着丈（肩ひも除く）：	49.5cm	55cm	60.5cm	66cm	73.5cm

材料　左から100／110／120／130／140サイズ

表布：p.20 C&Sコットンパピエギンガムチェック（グリーン）105cm
幅 1.3m／1.4m／1.5m／1.6m／1.8m
p.33 C&S sunny days stripe（ブルー×ホワイト 太）110cm幅
1.3m／1.4m／1.5m／1.6m／1.8m
接着芯（見返し）：横30×縦10cm
リボン：1.5cm幅 1.8m

裁合せ図

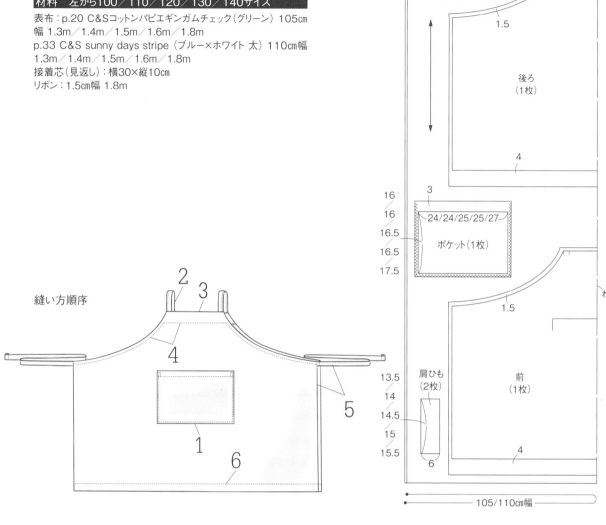

縫い方順序

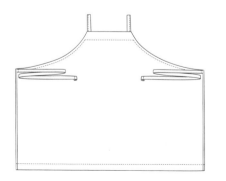

＊数字は左または上から100、110、120、130、140 サイズ
＊指定以外の縫い代は1 cm
＊　　　　　は裏に接着芯をはる
＊〰〰〰〰〰 はジグザグミシンをかける

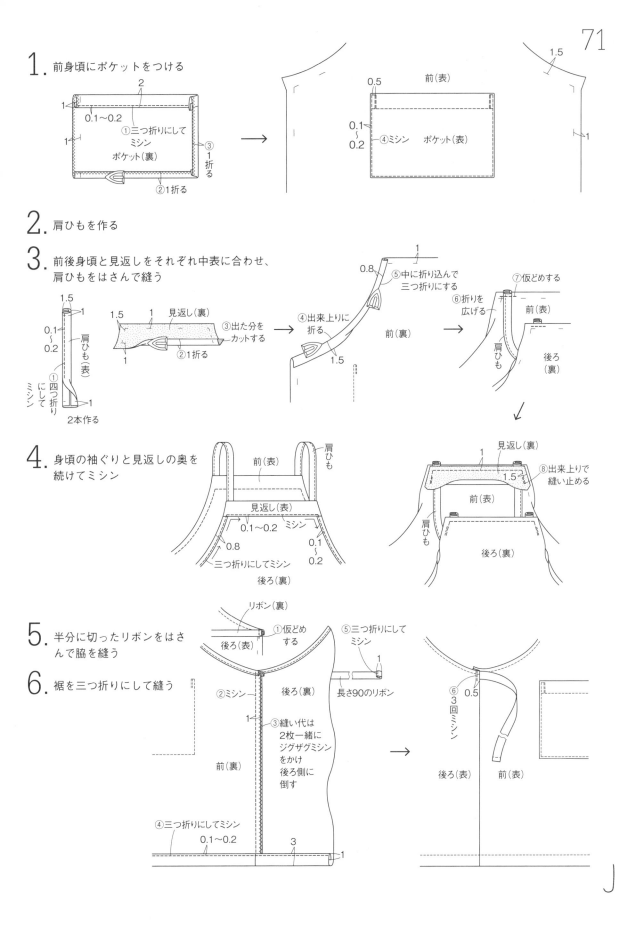

1. 前身頃にポケットをつける

2
1
0.1〜0.2
①三つ折りにしてミシン
ポケット(裏)
③1折る
1
②1折る

0.5
前(表)
0.1〜0.2
④ミシン
ポケット(表)
1.5
1

2. 肩ひもを作る

3. 前後身頃と見返しをそれぞれ中表に合わせ、肩ひもをはさんで縫う

1.5
1
0.1〜0.2
肩ひも(表)
①四つ折りにしてミシン
1
2本作る

1.5
1
見返し(裏)
③出た分をカットする
②1折る
1

0.8
⑤中に折り込んで三つ折りにする
④出来上りに折る
前(裏)
1.5

1
⑦仮どめする
⑥折りを広げる
前(表)
肩ひも
後ろ(裏)

4. 身頃の袖ぐりと見返しの奥を続けてミシン

前(表)
肩ひも
見返し(表)
見返し(表)
0.1〜0.2
ミシン
0.8
0.1〜0.2
三つ折りにしてミシン
後ろ(裏)

1
見返し(裏)
⑧出来上りで縫い止める
1.5
前(表)
肩ひも
後ろ(裏)

5. 半分に切ったリボンをはさんで脇を縫う

6. 裾を三つ折りにして縫う

リボン(裏)
①仮どめする
後ろ(表)
②ミシン
後ろ(裏)
1
③縫い代は2枚一緒にジグザグミシンをかけ後ろ側に倒す
前(裏)
④三つ折りにしてミシン
0.1〜0.2
3
1

⑤三つ折りにしてミシン
1
長さ90のリボン

⑥3回ミシン
0.5
後ろ(表)
前(表)

J

K フローラルパッチワークスカート

page22　実物大パターンなし

出来上り寸法	100	110	120	130	140
ウエスト：	51cm	53cm	55cm	57cm	59cm
スカート丈：	33.5cm	37cm	40cm	43.5cm	47.5cm

材料　左から100／110／120／130／140サイズ

表布：リバティプリント Betsy（LPE ブルーグレー・ピンク系）、
Claire-Aude（DE ピンク系）、Emilia's Flowers（YE ピンク系）、
Emma and Georgina（KE アゼリアピンク系）108㎝幅 40cm／
50cm／50cm／50cm／60cm（各種）
ゴムテープ：2㎝幅 53cm／55cm／57cm／59cm／61cm
パッチワークはスカート布もベルト布も好きな組合せでお作りください。

縫い方順序

製図

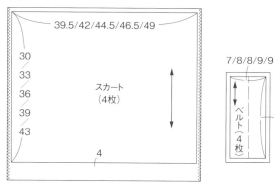

＊数字は左または上から100、110、120、130、140サイズ
＊指定以外の縫い代は1cm
＊〰〰〰 はジグザグミシンをかける

1. ゴムテープ通し口を残してベルトをはぎ合わせる

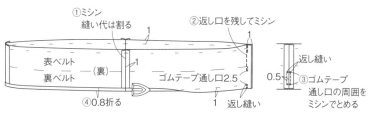

72

2. スカートの切替え線をはぎ合わせる

3. 裾を三つ折りにして縫う。
ウエストにギャザーを寄せる

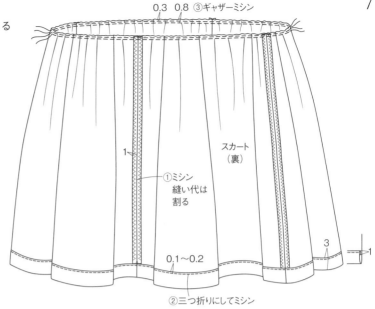

0.3　0.8　③ギャザーミシン

スカート
（裏）

1

①ミシン
縫い代は
割る

0.1〜0.2

②三つ折りにしてミシン

3

1

4. スカートにベルトをつけ、ベルトにゴムテープを通す

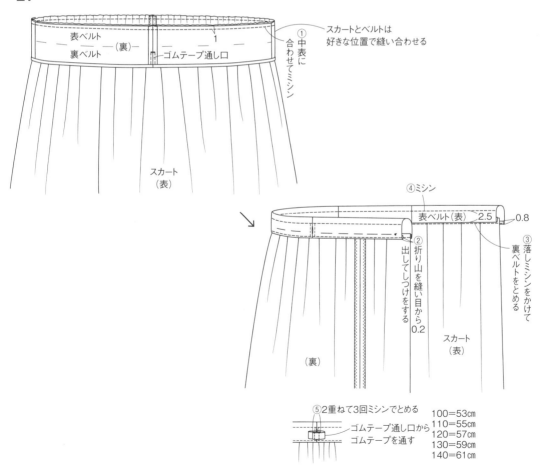

表ベルト
（裏）
裏ベルト
ゴムテープ通し口

1

①中表に合わせてミシン

スカートとベルトは
好きな位置で縫い合わせる

スカート
（表）

④ミシン

表ベルト（表）　2.5　0.8

②折り山を縫い目から0.2
出してしつけをする

③落しミシンをかけて
裏ベルトをとめる

（裏）

スカート
（表）

⑤2重ねて3回ミシンでとめる
ゴムテープ通し口から
ゴムテープを通す

100＝53cm
110＝55cm
120＝57cm
130＝59cm
140＝61cm

K

パッチワークの巾着

page23,cover flap　実物大パターンなし

出来上り寸法	ワンサイズ

幅30×深さ28cm(ひも通し布除く)

材料	ワンサイズ

p.23 表布：リバティプリント Betsy(LPE ブルーグレー・ピンク系)、
Claire-Aude(DE ピンク系)、Emilia's Flowers(YE ピンク系)、
Emma and Georgina(KE アゼリアピンク系) 横25×縦35cm
(各種)
裏布・ひも通し布：C&S海のブロード(グレイッシュピンク) 横35×
縦75cm
カバー袖 表布：C&S海のギンガムチェック(ネイビー)、C&Sコット
ンパピエストライプ(ネイビー 7mm幅)、C&S100そうギンガムチェック
(ネイビー)、C&S星の綿麻(ネイビーに白)横25×縦35cm(各種)
裏布・ひも通し布：C&S海のブロード(ネイビーブルー) 横35×縦
75cm
ひも…：0.6cm幅 1.4m
パッチワークは好きな組合せでお作りください。

裁合せ図

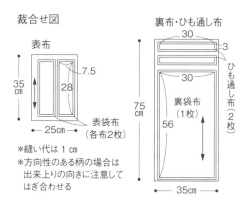

＊縫い代は 1 cm
＊方向性のある柄の場合は
　出来上りの向きに注意して
　はぎ合わせる

縫い方順序

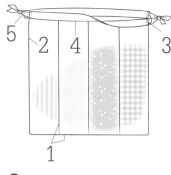

1. 表袋布をはぎ合わせる

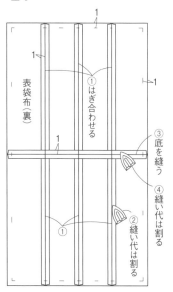

2. 表袋布と裏袋布の脇をそれぞれを縫う

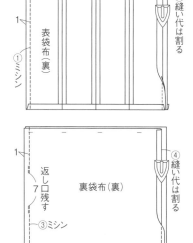

3. ひも通し布の両端を縫い、表袋布の袋口に仮どめする

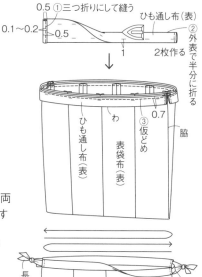

4. 表袋布と裏袋布を中表に重ねて袋口を縫う

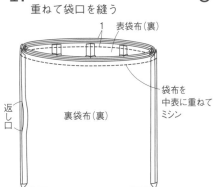

5. 表に返し、返し口をまつる。両側から半分に切ったひもを通す

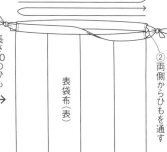

74

パッチワークのレッスンバッグ

page23, cover flap　実物大パターンなし

出来上り寸法	ワンサイズ

幅42×高さ30.5cm（持ち手除く）

材料	ワンサイズ

p.23 表布：リバティプリント Betsy（LPE ブルーグレー・ピンク系）、Claire-Aude（DE ピンク系）、Emilia's Flowers（YE ピンク系）、Emma and Georgina（KE アゼリアピンク系）横35×縦45cm（各種）
裏布：C&S海のブロード（グレイッシュピンク）横55×縦70cm
カバー袖 表布：C&S海のギンガムチェック（ネイビー）、C&Sコットンパピエストライプ（ネイビー 7mm幅）、C&S100そうギンガムチェック（ネイビー）、C&S星の綿麻（ネイビーに白）横35×縦45cm（各種）
裏布：C&S海のブロード（ネイビーブルー）横55×縦70cm
接着芯（表袋布、表持ち手）：横55×縦70cm
パッチワークは好きな組合せでお作りください。

裁合せ図

表布

表持ち手（各布2枚）

3
7.5
45cm
30
表袋布（各布2枚）
10.5
35cm

裏布

3
30
裏袋布（1枚）
70cm
62
裏持ち手（2枚）
42
55cm

＊縫い代は 1 cm
＊方向性のある柄の場合は出来上りの向きに注意してはぎ合わせる

縫い方順序

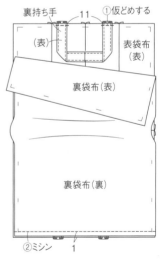

3　5　2
4
1

1. 表袋布、表持ち手をそれぞれはぎ合わせる

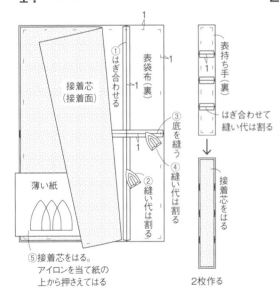

①はぎ合わせる
接着芯（接着面）
表袋布（裏）
1
③底を縫う
④縫い代は割る
②縫い代は割る
薄い紙
⑤接着芯をはる。アイロンを当て紙の上から押さえてはる

表持ち手（裏）
1
はぎ合わせて縫い代を割る
接着芯をはる
2枚作る

2. 表持ち手と裏持ち手を中表に合わせて縫う

①ミシン
裏持ち手
表持ち手（表）
表持ち手（裏）
1
表に返す
②表持ち手側からミシン
0.1〜0.2
表持ち手（表）

3. 持ち手を仮どめし、表袋布と裏袋布を中表に合わせて袋口を縫う

裏持ち手（表）
11
①仮どめする
表袋布（表）
裏袋布（表）
裏袋布（裏）
②ミシン
1

4. 袋口を合わせ、返し口を残して両脇を縫う

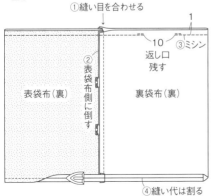

①縫い目を合わせる
1
10
③ミシン
返し口残す
②表袋布側に倒す
表袋布（裏）
裏袋布（裏）
④縫い代は割る

5. 表に返し、袋口を縫う。返し口をまつる

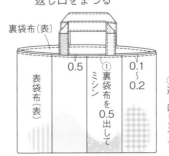

裏袋布（表）
0.5
0.1〜0.2
表袋布（表）
①ミシン
裏袋布を0.5出して
②返し口をまつる
裏袋布（表）

M

page24　実物大パターンA面

出来上り寸法　　ワンサイズ

幅21×高さ14cm（ひもを除く）

材料　　ワンサイズ

表布：C&Sウール マフィーユ（オフホワイト）横80×縦20cm
裏布：C&SナチュラルコットンHOLIDAY（きなり）横30×縦15cm
ひも：5mm幅 1m
スナップ：直径1cm 1組み
ポンポン・白（しっぽ）：直径3cm 1個
フェルト・黒（目）：適量
刺繍糸・黒（口）：適量

縫い方順序

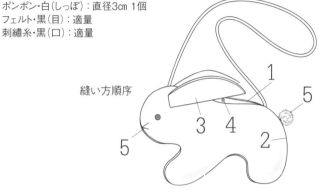

裁合せ図

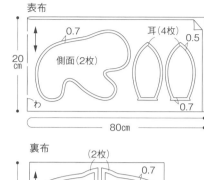

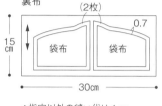

＊指定以外の縫い代は1cm

1. 側面にひもを仮どめし、側面と袋布を中表に合わせて袋口を縫う

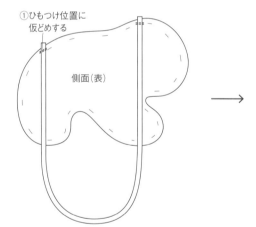

①ひもつけ位置に仮どめする

側面（表）

③切込みを入れる
②ミシン　0.7
出来上りで縫い止める
袋布（裏）
側面（表）

＊もう1枚の袋口も同様に縫う

2. 側面と袋布をそれぞれ中表に合わせ、袋布は返し口を残して縫う。表に返し、返し口をまつる

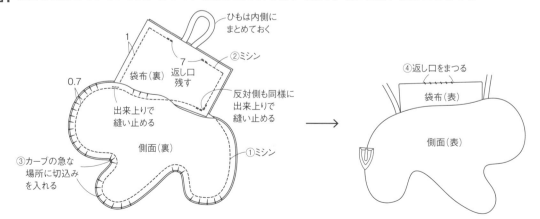

1
ひもは内側にまとめておく
7
袋布（裏）　返し口残す
②ミシン
0.7
反対側も同様に出来上りで縫い止める
出来上りで縫い止める
袋布（裏）
側面（裏）
①ミシン
③カーブの急な場所に切込みを入れる

④返し口をまつる
袋布（表）
側面（表）

3. 耳を作り、つける

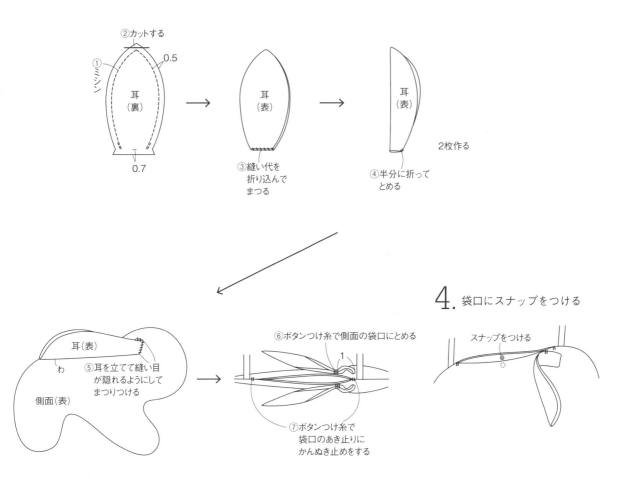

②カットする

① ミシン
0.5

耳（裏）

0.7

→

耳（表）

③縫い代を折り込んでまつる

→

耳（表）

2枚作る

④半分に折ってとめる

耳（表）

わ

側面（表）

⑤耳を立てて縫い目が隠れるようにしてまつりつける

→

⑥ボタンつけ糸で側面の袋口にとめる

1

⑦ボタンつけ糸で袋口のあき止りにかんぬき止めをする

4. 袋口にスナップをつける

スナップをつける

5. 顔を仕上げ、しっぽつけ位置にポンポンをつける

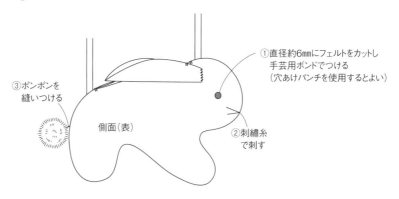

③ポンポンを縫いつける

側面（表）

①直径約6mmにフェルトをカットし手芸用ボンドでつける（穴あけパンチを使用するとよい）

②刺繍糸で刺す

N

○ ペタルブラウス

page**25**　実物大パターン**B**面

出来上り寸法	100	110	120	130	140
バスト：	92.5cm	96.5cm	100.5cm	104.5cm	108.5cm
着丈：	39.5cm	42.5cm	45.5cm	48.5cm	53cm
袖丈：	27.5cm	31.5cm	35.5cm	39cm	43cm

材料　左から100／110／120／130／140サイズ
表布：C&Sリネン混ダンガリーソフト（グレイッシュピンク）110cm幅
1.3m／1.4m／1.5m／1.6m／1.7m
ボタン：直径1cm 1個
スナップ：直径1cm 1組み

裁合せ図

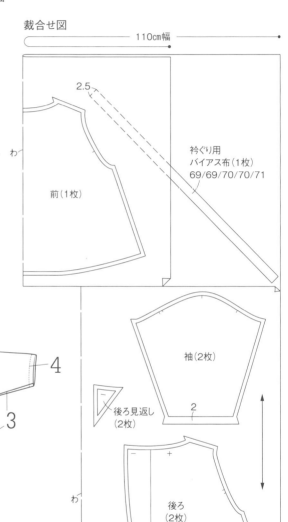

縫い方順序

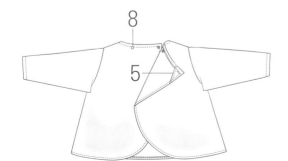

＊数字は左から100、110、120、130、140 サイズ
＊指定以外の縫い代は1 cm

1. 肩を縫う

2. 袖をつける

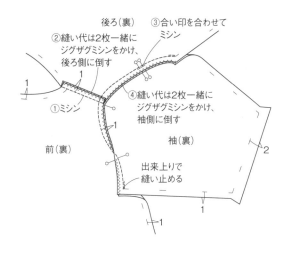

後ろ（裏）

③合い印を合わせて
ミシン

②縫い代は2枚一緒に
ジグザグミシンをかけ、
後ろ側に倒す

1

①ミシン

1

④縫い代は2枚一緒に
ジグザグミシンをかけ、
袖側に倒す

前（裏）

1

袖（裏）

2

出来上りで
縫い止める

1

1

3. 脇と袖下を続けて縫う

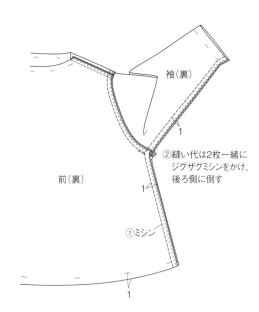

袖（裏）

1

②縫い代は2枚一緒に
ジグザグミシンをかけ、
後ろ側に倒す

前（裏）

1

①ミシン

1

4. 袖口を三つ折りにして縫う

5. 後ろ見返しの奥を三つ折りにして縫い、
中表に合わせて後ろ身頃に仮どめする

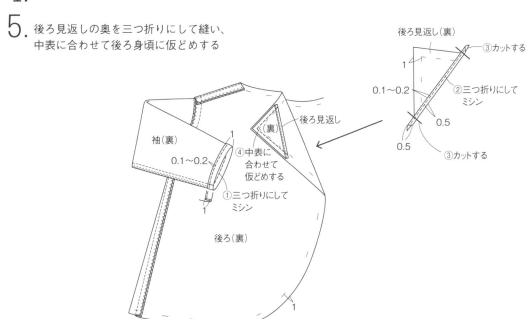

後ろ見返し（裏）

1

③カットする

0.1～0.2

②三つ折りにして
ミシン

0.5

0.5

③カットする

袖（裏）

1

0.1～0.2

④中表に
合わせて
仮どめする

①三つ折りにして
ミシン

1

（裏）

後ろ見返し

後ろ（裏）

1

6. 衿ぐりを共布バイアス布で始末する

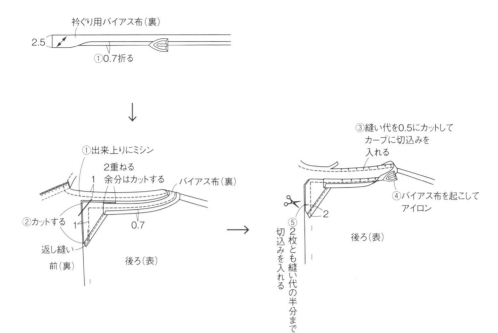

衿ぐり用バイアス布（裏）

2.5

①0.7折る

①出来上りにミシン
2重ねる
余分はカットする
バイアス布（裏）

②カットする

返し縫い
前（裏）　後ろ（表）

③縫い代を0.5にカットして
カーブに切込みを入れる

④バイアス布を起こして
アイロン

後ろ（表）

⑤2枚とも縫い代の半分まで切込みを入れる

2

7. 後ろ端から裾にかけて三つ折りにして縫う

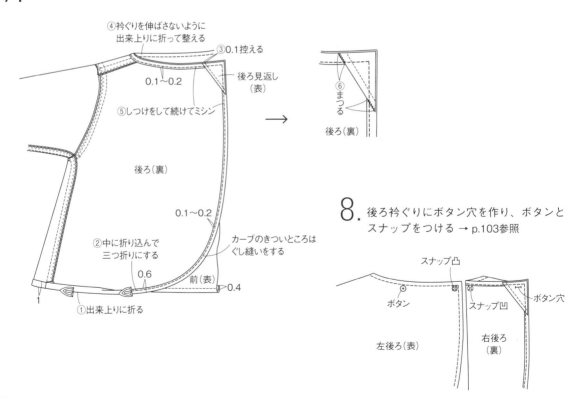

④衿ぐりを伸ばさないように
出来上りに折って整える

③0.1控える

0.1～0.2

後ろ見返し（表）

⑤しつけをして続けてミシン

後ろ（裏）

②中に折り込んで
三つ折りにする

0.1～0.2

カーブのきついところは
ぐし縫いをする

0.6

前（表）

0.4

①出来上りに折る

1

⑥まつる

後ろ（裏）

8. 後ろ衿ぐりにボタン穴を作り、ボタンとスナップをつける → p.103参照

スナップ凸

ボタン

スナップ凹

ボタン穴

左後ろ（表）

右後ろ（裏）

ティーバッグバッグ

page27 実物大パターンA面

出来上り寸法　ワンサイズ

1辺10.5cmの三角すい

材料　ワンサイズ

袋布：リネン（ホワイト）横55×縦15cm
飾り布：リバティプリント Annabella（CE 赤・ピンク系）横7×縦4.5cm
ひも：55cm

裁合せ図

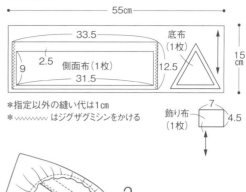

＊指定以外の縫い代は1cm
＊〰〰〰 はジグザグミシンをかける

縫い方順序

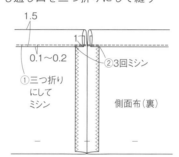

1. 側面布を縫止りまで輪に縫う

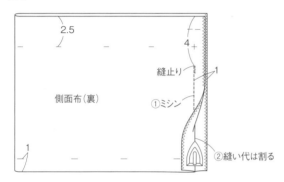

側面布（裏）

縫止り
①ミシン
②縫い代は割る

2. ひも通し口を三つ折りにして縫う

1.5
0.1〜0.2
①三つ折りにしてミシン
②3回ミシン
側面布（裏）

3. 側面布と底布を中表に合わせて縫う

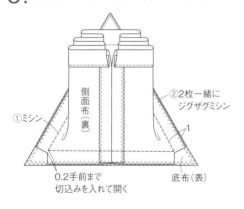

①ミシン
側面布（裏）
②2枚一緒にジグザグミシン
0.2手前まで切込みを入れて開く
底布（表）

4. ひもを通し、ひもに飾り布をつける

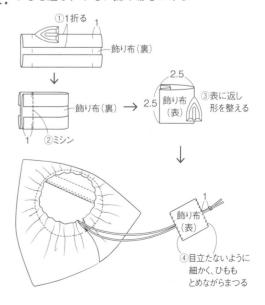

①1折る
飾り布（裏）
飾り布（裏）
②ミシン
2.5
飾り布（表）
③表に返し形を整える

飾り布（表）
④目立たないように細かく、ひももとめながらまつる

P スクエアネックの
ギャザーワンピース

page26 実物大パターン**C**面

出来上り寸法	100	110	120	130	140
バスト：	88cm	92cm	96cm	100cm	104cm
着丈：	62cm	68cm	73cm	79cm	87cm
袖丈：	16.5cm	19.5cm	22.5cm	25.5cm	28.5cm

材料 左から100／110／120／130／140サイズ

表布：C&S my favorite cotton（ホワイト）105cm幅 1.9m／2
m／2.1m／2.3m／2.4m
接着芯（前後衿ぐり見返し）：90cm幅 20cm
接着テープ（前ポケット口）：1.5cm幅 40cm
ボタン：直径1cm 1個

裁合せ図

縫い方順序

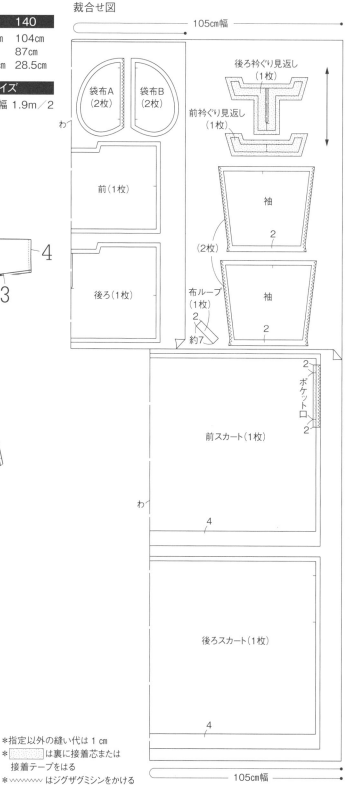

＊指定以外の縫い代は1cm
＊ ▨ は裏に接着芯または
接着テープをはる
＊〜〜〜〜 はジグザグミシンをかける

1. 身頃と衿ぐり見返しの肩をそれぞれ縫う → p.63参照

2. 布ループを作り（→ p.103参照）、つけ位置に仮どめする。身頃と衿ぐり見返しを中表に合わせて衿ぐりとスラッシュあきを縫う → p.63参照

3. 袖下を縫う → p.64参照

4. 袖口を三つ折りにして縫う → p.64参照

5. 袖をつける → p.64参照

6. 脇を縫う → p.64参照

7. ポケット口を残して前後スカートの脇を縫う → p.102ポケットB参照

8. ポケットを作る → p.102ポケットB参照

9. 裾を三つ折りにして縫う。ウエストにギャザーを寄せる

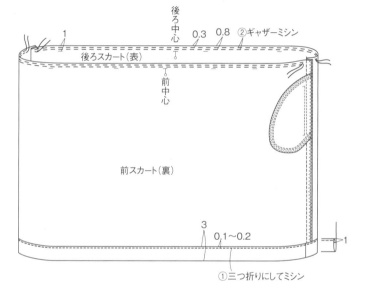

後ろ中心
1
0.3　0.8　②ギャザーミシン
後ろスカート（表）
前中心
前スカート（裏）
3　0.1〜0.2
①三つ折りにしてミシン
1

10. 身頃とスカートを縫い合わせる

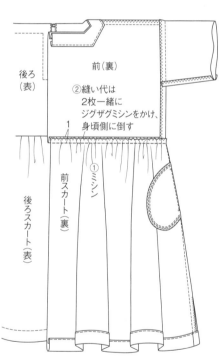

後ろ（表）
前（裏）
②縫い代は2枚一緒にジグザグミシンをかけ、身頃側に倒す
1
後ろスカート（表）
前スカート（裏）
①ミシン

11. 後ろ衿ぐりにボタンをつける → p.103参照

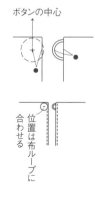

ボタンの中心

位置は布ループに合わせる

R シンプルAラインワンピース

page27　実物大パターンD面

出来上り寸法	100	110	120	130	140
バスト：	80cm	84cm	88cm	92cm	96cm
着丈：	62cm	68cm	74cm	80cm	88cm
袖丈：	18.5cm	21.5cm	24.5cm	27.5cm	30.5cm

材料　左から100／110／120／130／140サイズ

表布：C&Sコットンパピエギンガムチェック（ブルー 7mm幅）
105cm幅 1.6m／1.7m／1.8m／1.9m／2.2m
接着芯（前後衿ぐり見返し）：90cm幅 20cm
接着テープ（前ポケット口）：1.5cm幅 40cm
ボタン：直径1cm 1個

裁合せ図

縫い方順序

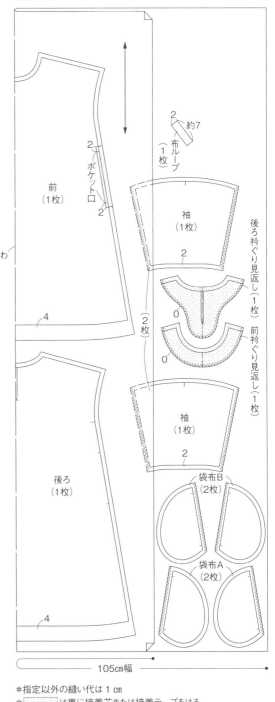

＊指定以外の縫い代は1cm
＊▨▨▨ は裏に接着芯または接着テープをはる
＊〰〰〰 はジグザグミシンをかける

1. 身頃と衿ぐり見返しの肩をそれぞれ縫う → p.87参照

2. 布ループを作り（→ p.103参照）、つけ位置に仮どめする。
身頃と衿ぐり見返しを中表に合わせて衿ぐりとスラッシュあきを縫う

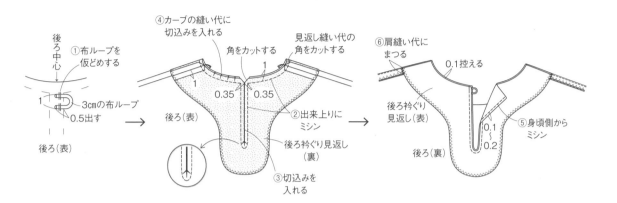

3. 袖下を縫う

4. 袖口を三つ折りにして縫う

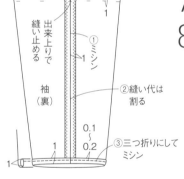

5. 袖をつける → p.64参照

6. ポケット口を残して脇を縫う → p.92、p.101ポケットA参照

7. ポケットを作る → p.101ポケットA参照

8. 裾を三つ折りにして縫う

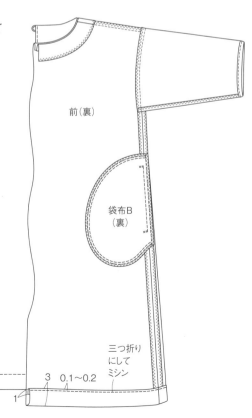

9. 後ろ衿ぐりにボタンをつける → p.103参照

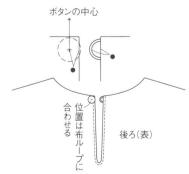

S バルーンスリーブのワンピース

page28 実物大パターンC面

出来上り寸法	100	110	120	130	140
バスト：	91.5cm	95.5cm	99.5cm	103.5cm	107.5cm
着丈：	62cm	68cm	74cm	80cm	88cm
袖丈：	21.5cm	24.5cm	27.5cm	30.5cm	33.5cm

材料 左から100／110／120／130／140サイズ

表布：C&SナチュラルコットンHOLIDAY（オートミール）110cm幅
1.7m／1.9m／2m／2.2m／2.4m
接着芯（前後衿ぐり見返し、スラッシュ見返し）：90cm幅 20cm
接着テープ（前ポケット口）：1.5cm幅 40cm
ゴムテープ：1.2cm幅 43.5cm／44cm／44.5cm／45cm／45.5cm
ボタン：直径1cm 1個

縫い方順序

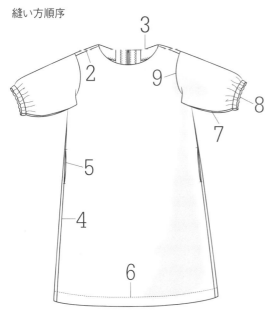

裁合せ図

※指定以外の縫い代は1cm
※ ▨ は裏に接着芯または
接着テープをはる
※〜〜〜 はジグザグミシンをかける

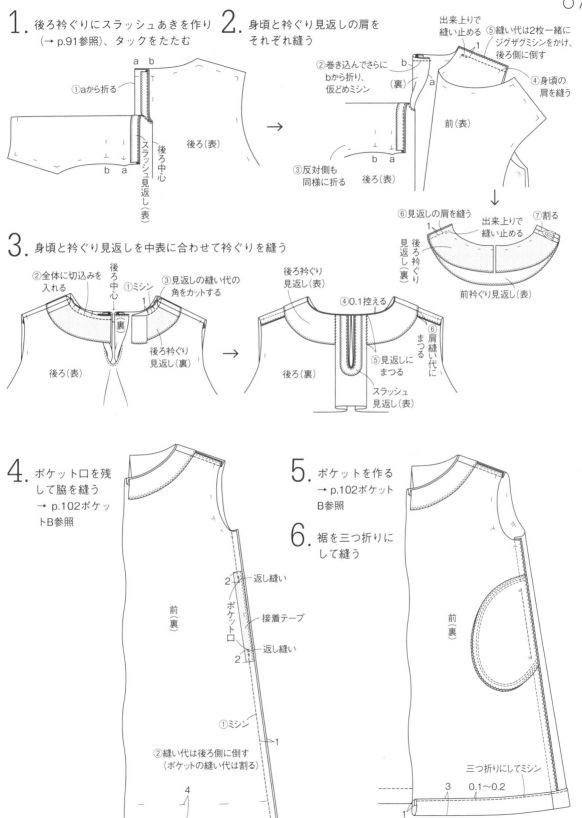

1. 後ろ衿ぐりにスラッシュあきを作り
（→ p.91参照）、タックをたたむ

①aから折る
a　b
スラッシュ見返し（表）
後ろ中心
後ろ（表）
b　a

2. 身頃と衿ぐり見返しの肩を
それぞれ縫う

②巻き込んでさらに
bから折り、
仮どめミシン
b
a
（裏）
③反対側も
同様に折る
後ろ（表）
b　a

出来上りで
縫い止める
⑤縫い代は2枚一緒に
ジグザグミシンをかけ、
後ろ側に倒す
1
④身頃の
肩を縫う
前（表）

⑥見返しの肩を縫う
出来上りで
縫い止める
1
後ろ衿ぐり
見返し（裏）
⑦割る
前衿ぐり見返し（表）

3. 身頃と衿ぐり見返しを中表に合わせて衿ぐりを縫う

②全体に切込みを
入れる
後ろ中心
①ミシン
1
③見返しの縫い代の
角をカットする
（裏）
後ろ（表）
後ろ衿ぐり
見返し（裏）

後ろ衿ぐり
見返し（表）
④0.1控える
⑥肩縫い代に
まつる
後ろ（裏）
⑤見返しに
まつる
肩縫い代に
スラッシュ
見返し（表）

4. ポケット口を残
して脇を縫う
→ p.102ポケッ
トB参照

前（裏）
2　返し縫い
ポケット口
接着テープ
2　返し縫い
①ミシン
1
②縫い代は後ろ側に倒す
（ポケットの縫い代は割る）
4

5. ポケットを作る
→ p.102ポケット
B参照

6. 裾を三つ折りに
して縫う

前（裏）
三つ折りにしてミシン
3　0.1～0.2
1

7. 袖下を縫い、袖口にギャザーを寄せる

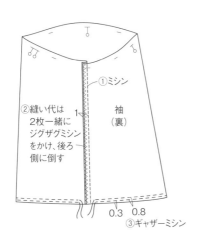

①ミシン

袖（裏）

②縫い代は
2枚一緒に
ジグザグミシン
をかけ、後ろ
側に倒す

1

0.3　0.8
③ギャザーミシン

8. 袖口にカフスをつけ、ゴムテープを通す

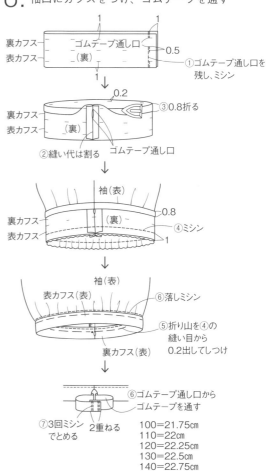

1　　　　　　　　　1
裏カフス　　ゴムテープ通し口
表カフス　　（裏）　　　　　　0.5
　　　　　　　　　1
①ゴムテープ通し口を
残し、ミシン

0.2
裏カフス　　　　　　　③0.8折る
表カフス　（裏）
②縫い代は割る　　ゴムテープ通し口

袖（表）
裏カフス　　　　　　　0.8
表カフス　（裏）　　　④ミシン
　　　　　　　　　　　1

袖（表）
表カフス（表）　　　⑥落しミシン
　　　　　　　　　⑤折り山を④の
　　　　　　　　　縫い目から
裏カフス（表）　　0.2出してしつけ

⑥ゴムテープ通し口から
ゴムテープを通す
⑦3回ミシン　　2重ねる
でとめる

100＝21.75cm
110＝22cm
120＝22.25cm
130＝22.5cm
140＝22.75cm

9. 袖をつける

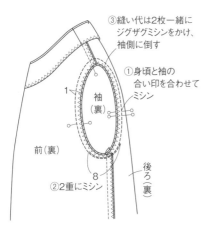

③縫い代は2枚一緒に
ジグザグミシンをかけ、
袖側に倒す

①身頃と袖の
合い印を合わせて
ミシン

袖（裏）

前（裏）　　　　　　後ろ（裏）

8
②2重にミシン

10. 後ろ衿ぐりにボタンと糸ループをつける → p.103参照

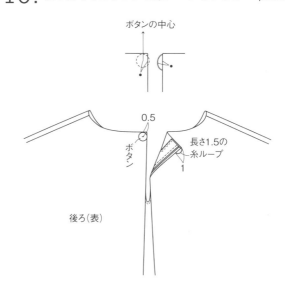

ボタンの中心

0.5
ボタン
長さ1.5の
糸ループ
1

後ろ（表）

バルーンスリーブのブラウス

page **16** 実物大パターンC面

出来上り寸法	100	110	120	130	140
バスト：	91.5cm	95.5cm	99.5cm	103.5cm	107.5cm
着丈：	38.5cm	41.5cm	44.5cm	47.5cm	51.5cm
袖丈：	21.5cm	24.5cm	27.5cm	30.5cm	33.5cm

材料 左から100／110／120／130／140サイズ

表布：リバティプリント Annabella（CE 赤・ピンク系）108㎝幅
1.2m／1.2m／1.3m／1.4m／1.5m
接着芯（前後衿ぐり見返し、スラッシュ見返し）：90㎝幅 20㎝
ゴムテープ：1.2㎝幅 43.5㎝／44㎝／44.5㎝／45㎝／45.5㎝
ボタン：直径1㎝ 1個

縫い方順序

裁合せ図

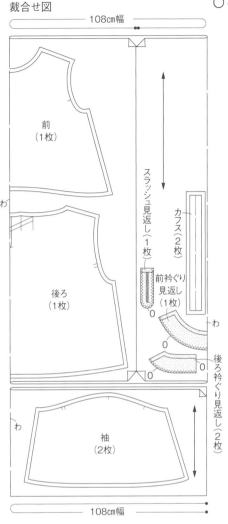

*指定以外の縫い代は 1 ㎝
* ▨ は裏に接着芯をはる
* ∿∿∿∿ はジグザグミシンをかける

1. 後ろ衿ぐりにスラッシュあきを作り（→ p.91参照）、
   タックをたたむ → p.87参照

2. 身頃と衿ぐり見返しの肩をそれぞれ縫う → p.87参照

3. 身頃と衿ぐり見返しを中表に合わせて衿ぐりを縫う → p.87参照

4. 脇を縫う 5. 裾を三つ折りにして縫う

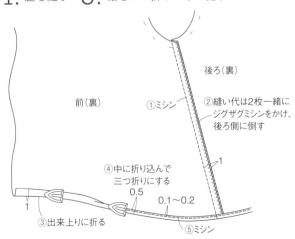

6. 袖下を縫い、袖口にギャザーを寄せる
   → p.88参照

7. 袖口にカフスをつけ、ゴムテープを通す
   → p.88参照

8. 袖をつける → p.88参照

9. 後ろ衿ぐりにボタンと糸ループをつける
   → p.88,103参照

U スタンダードギャザー ワンピース

page30,42 実物大パターンB面

出来上り寸法	100	110	120	130	140
バスト：	105cm	109cm	113cm	117cm	121cm
着丈：	62cm	68cm	74cm	80cm	88cm
袖丈：	21cm	24cm	27cm	30cm	33cm

材料　左から100／110／120／130／140サイズ

表布：p.30 リバティプリント Meadow Tails（◎J20D パステル系）108cm幅 1.8m／2m／2.1m／2.3m／2.8m
P.42 リバティプリント Woodland Betsy（◎J20B ライトブルーグリーン地にピンク・グレー系）108cm幅 1.8m／2m／2.1m／2.3m／2.8m
接着芯（スラッシュ見返し）：横15×縦20cm
接着テープ（前ポケット口）：1.5cm幅 40cm
ボタン：直径1cm 3個

縫い方順序

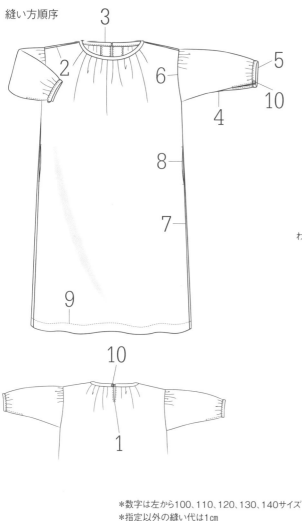

裁合せ図

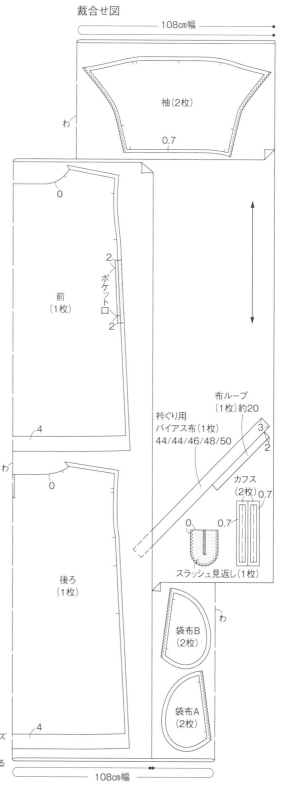

＊数字は左から100、110、120、130、140サイズ
＊指定以外の縫い代は1cm
＊▨▨▨ は裏に接着芯または接着テープをはる
＊〰〰〰 はジグザグミシンをかける

1. 後ろ衿ぐりにスラッシュあきを作る

②切込みを入れる

0.1控える

スラッシュ見返し（裏）

0.35　0.35

①細かい針目でミシン

切込み

後ろ（表）

③
0.1
〜0.2 身頃側から

ミシン

スラッシュ見返し（表）

後ろ（裏）

2. 肩を縫う

3. 衿ぐりにギャザーを寄せて共布バイアス布でくるむ。
布ループ（4㎝×3本）を作り（→ p.103参照）、つける

100=9
110=9
120=9.5
130=10
140=10.5

に縮める（=☆）

前（裏）
前中心
ギャザー止り
ギャザー止り

①ミシン
③ギャザーミシン
0.1　0.6
☆
ギャザー止り

1
縫い代は2枚一緒にジグザグミシンをかける
後ろ側に倒す

見返しをよける

スラッシュ見返し（表）

後ろ（裏）

衿ぐり用バイアス布（裏）

3
0.7
0.7
④片側ずつ折る

折り山b
折り山a

0.9
0.7
0.7

⑤幅をずらしてさらに折る

前（裏）
0.7
バイアス布（裏）
0.7
0.7
折り山b

⑥折り山aを広げてミシン

1出す
余分はカットする

後ろ（表）

0.9
0.7

⑦端をくるむ

（裏）
0.9

⑧⑦で折ったバイアス布をくるむ

バイアス布（表）
0.9
0.7

⑨しつけをして落しミシン

後ろ（表）

0.1〜0.2
1

⑩右後ろのバイアス布に布ループを差し込み3回ミシンでとめる

後ろ（表）

4㎝の布ループ

4. あき止りまで袖下を縫い、袖山と袖口にギャザーを寄せる

返し縫い
出来上りで縫い止める

①ミシン
1
袖（裏）

あき止り
返し縫い

④ギャザーミシンをかけて縮める
0.3　0.8
1
ギャザー止り
ギャザー止り

袖（裏）

②縫い代は割る

あき止り→
③表側からミシン
3回ミシン
0.5

0.7
0.6　0.1

⑤ギャザーミシンをかけて縮める

U

5. 袖口に布ループとカフスをつける

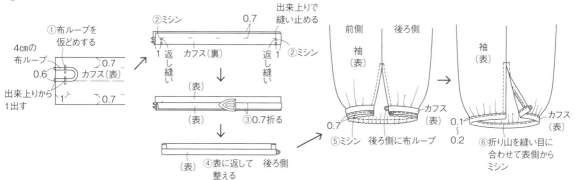

① 布ループを仮どめする
4cmの布ループ
0.6
出来上りから1出す
0.7
0.7
1
カフス（表）

② ミシン
0.7
カフス（裏）
1 返し縫い
② ミシン
1 返し縫い
出来上りで縫い止める

（表）
③0.7折る
（表）

（表）
④表に返して整える
後ろ側

前側　後ろ側
袖（表）
0.7
⑤ミシン　後ろ側に布ループ
カフス（表）

袖（表）
0.1
0.2
カフス（表）
⑥折り山を縫い目に合わせて表側からミシン

6. 袖をつける → p.64参照

7. ポケット口を残して脇を縫う → p.101ポケットA参照

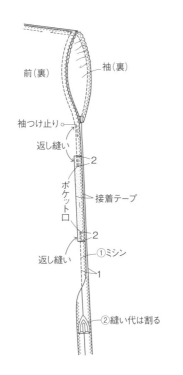

前（裏）
袖（裏）
袖つけ止り
返し縫い
2
ポケット口
接着テープ
2
返し縫い
①ミシン
1
②縫い代は割る

8. ポケットを作る → p.101ポケットA参照

9. 裾を三つ折りにして縫う

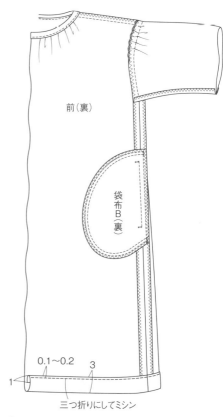

前（裏）
袋布B（裏）
0.1〜0.2　3
1
三つ折りにしてミシン

10. 後ろ衿ぐり、カフスにボタンをつける → p.103参照

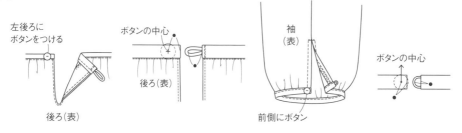

左後ろにボタンをつける
後ろ（表）

ボタンの中心
後ろ（表）

袖（表）
前側にボタン

ボタンの中心

E スタンダードギャザーブラウス

page **14** 実物大パターン**B**面

出来上り寸法	100	110	120	130	140
バスト：	105cm	109cm	113cm	117cm	121cm
着丈：	38.5cm	41.5cm	44.5cm	47.5cm	51.5cm
袖丈：	21cm	24cm	27cm	30cm	33cm

材料 左から100／110／120／130／140サイズ

表布：C&Sドットミニヨン（白にピンク）110cm幅（ドット有効幅105cm）1.3m／1.4m／1.6m／1.7m／2m
接着芯（スラッシュ見返し）：横15×縦20cm
ボタン：直径1cm 3個

裁合せ図

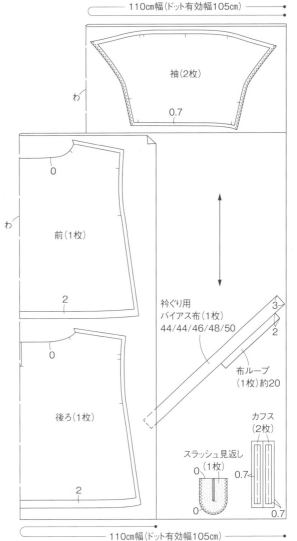

＊数字は左から100、110、120、130、140サイズ
＊指定以外の縫い代は1cm
＊□□□ は裏に接着芯をはる
＊〜〜〜〜 はジグザグミシンをかける

縫い方順序

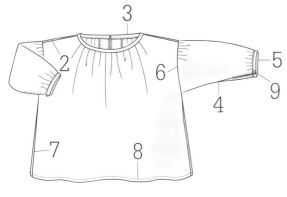

1. 後ろ衿ぐりにスラッシュあきを作る → p.91参照

2. 肩を縫う → p.91参照

3. 衿ぐりにギャザーを寄せて共布バイアス布でくるむ
→ p.91参照
布ループ（4cm×3本）を作り（→ p.103参照）、つける

4. あき止りまで袖下を縫い、袖山と袖口にギャザーを寄せる → p.91参照

5. 袖口に布ループとカフスをつける → p.92参照

6. 袖をつける → p.64参照

7. 脇を縫う → p.64参照

8. 裾を三つ折りにして縫う → p.64参照

9. 後ろ衿ぐり、カフスにボタンをつける → p.92参照

T うさぎのぬいぐるみ

page29　実物大パターンA面

出来上り寸法	ワンサイズ

幅21×高さ12cm

材料	ワンサイズ

表布：C&Sウール マフィーユ（オフホワイト）横90×縦25cm
手芸わた：適量
ポンポン・白（しっぽ）：直径3cm 1個
フェルト・黒（目）：適量
刺繍糸・黒（口）：適量

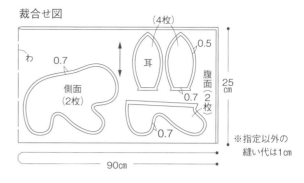

裁合せ図

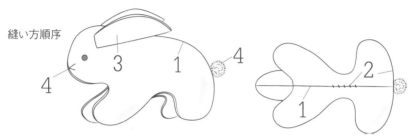

縫い方順序

1. 腹面は返し口を残して縫い、側面は合い印まで縫う

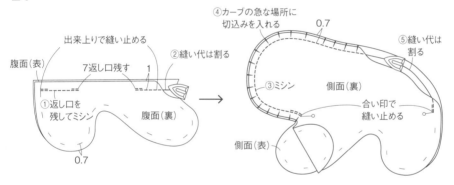

2. 腹面と側面を中表に合わせて足を縫い、わたを詰める

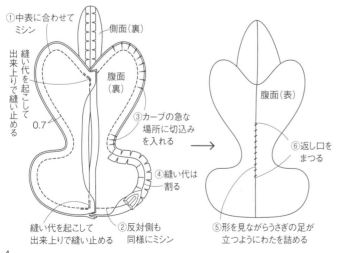

3. 耳を作り、つける → p.77参照

4. 顔を仕上げ、しっぽつけ位置にポンポンをつける

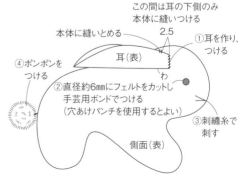

94

ダブルボタンのコート

page36　実物大パターンD面

出来上り寸法	100	110	120	130	140
バスト：	87.5cm	91.5cm	95.5cm	99.5cm	103.5cm
着丈：	63cm	69cm	75cm	81cm	89cm
袖丈：	32cm	36cm	40cm	44cm	48cm

材料　左から100／110／120／130／140サイズ

表布：C&Sフレンチコーデュロイ（ラベンデューラ）105cm幅 2m／2.2m／2.4m／2.5m／2.7m
接着芯（前見返し、後ろ衿ぐり見返し）：90cm幅 70cm／80cm／80cm／90cm／1m
接着テープ（前ポケット口）：1.5cm幅 40cm
ボタン：直径1.2cm 10個
スナップ：直径1cm 1組み

縫い方順序

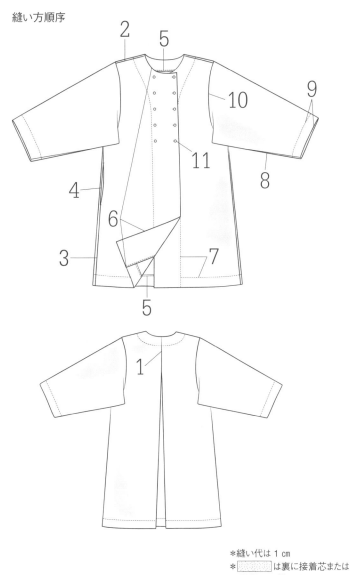

裁合せ図

105cm幅

後ろ裾見返し(1枚)
袖口見返し(2枚)
前裾見返し(2枚)
わ
わ
前(2枚)
ポケット口
袋布A(2枚)
袋布B(2枚)
(1枚)
後ろ衿ぐり見返し
後ろ(1枚)
コーデュロイは逆毛に裁つ
前見返し(2枚)
袖(2枚)
わ
105cm幅

*縫い代は1cm
* は裏に接着芯または接着テープをはる
* 〜〜〜 はジグザグミシンをかける

V

1. 後ろ中心のタックを縫止りまで縫ってたたむ → p.66参照

2. 身頃の肩を縫う

3. ポケット口を残して身頃の脇を縫う→ p.102ポケットB参照

4. ポケットを作る → p.102ポケットB参照

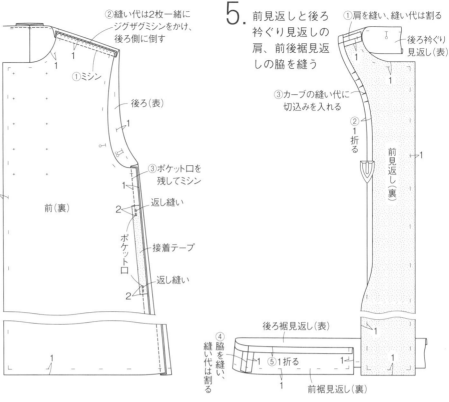

②縫い代は2枚一緒にジグザグミシンをかけ、後ろ側に倒す

①ミシン

後ろ（表）

③ポケット口を残してミシン

返し縫い

接着テープ

ポケット口

返し縫い

前（裏）

1

2

2

1

5. 前見返しと後ろ衿ぐり見返しの肩、前後裾見返しの脇を縫う

①肩を縫い、縫い代は割る

後ろ衿ぐり見返し（表）

③カーブの縫い代に切込みを入れる

②1折る

1

前見返し（裏）

1

④脇を縫い、縫い代は割る

後ろ裾見返し（表）

1 ⑤1折る 1

1

前裾見返し（裏）

1

6. 身頃と各見返しを中表に合わせて衿ぐり、前端、裾を縫う

③見返し縫い代の角をカットする

②カーブの縫い代に切込みを入れる

④カットする

1

①ミシン

前（表）

前見返し（裏）

1

前裾見返し（裏）

1

③角をカットする

出来上りに重ねる

④カットする

7. 各見返しの奥をミシンでとめる

後ろ（表）

①0.1控える

前（裏）

前見返し（表）

0.1～0.2

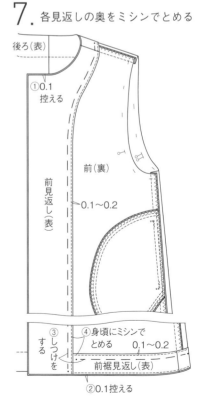

③しつけをする

④身頃にミシンでとめる　0.1～0.2

前裾見返し（表）

②0.1控える

8. 袖と袖口見返しの袖下をそれぞれ縫う

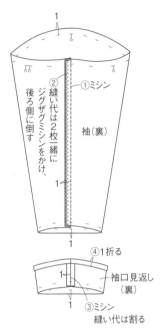

②縫い代は2枚一緒にジグザグミシンをかけ、後ろ側に倒す

①ミシン

袖(裏)

④1折る

袖口見返し(裏)

③ミシン
縫い代は割る

9. 袖と袖口見返しを中表に合わせて袖口を縫う

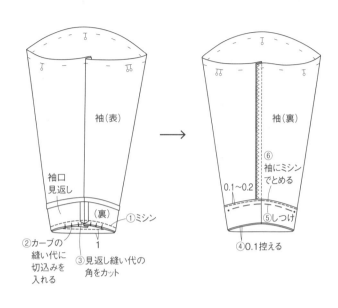

袖(表)

袖口見返し(裏)

①ミシン

②カーブの縫い代に切込みを入れる

③見返し縫い代の角をカット

袖(裏)

⑥袖にミシンでとめる

0.1～0.2

⑤しつけ

④0.1控える

10. 袖をつける → p.88参照

11. 右前か左前かを決めてからボタン穴を作り、ボタンとスナップをつける → p.103参照

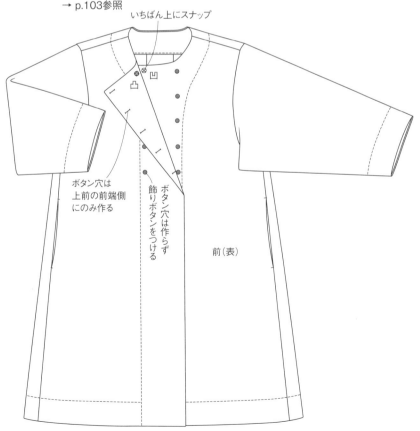

いちばん上にスナップ

ボタン穴は上前の前端側にのみ作る

ボタン穴は作らず飾りボタンをつける

前(表)

V

page39　実物大パターンC,D面

出来上り寸法	100	110	120	130	140
バスト：	68cm	72cm	76cm	80cm	84cm
着丈：	37cm	40cm	43cm	46cm	50cm
袖丈：	34.5cm	38.5cm	42.5cm	46.5cm	50.5cm

材料　左から100／110／120／130／140サイズ

表布：C&Sフレンチパイル（ミルクココア）170cm幅 50cm／60cm
／60cm／60cm／70cm
別布：リバティプリント Meadow Tails（◎J20D パステル系）横
40cm×縦50cm／50cm／60cm／60cm／60cm
接着芯（前見返し、後ろ衿ぐり見返し）：横40cm×縦50cm／50cm／
60cm／60cm／60cm
プラスナップ：直径1.2cm 6組み

裁合せ図

表布

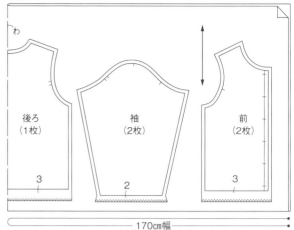

後ろ
（1枚）

袖
（2枚）

前
（2枚）

わ

3　2　3

170cm幅

別布

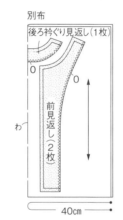

後ろ衿ぐり見返し（1枚）

0

0

わ

前見返し（2枚）

40cm

＊指定以外の縫い代は 1 cm
＊ ▨ は裏に接着芯をはる
＊ ⋁⋁⋁⋁ はジグザグミシンをかける

縫い方順序

1
2
7
4
5 6
8 3

1. 身頃と見返しの肩をそれぞれ縫う

2. 身頃と見返しを中表に合わせて衿ぐり、前端、前見返し裾を縫う

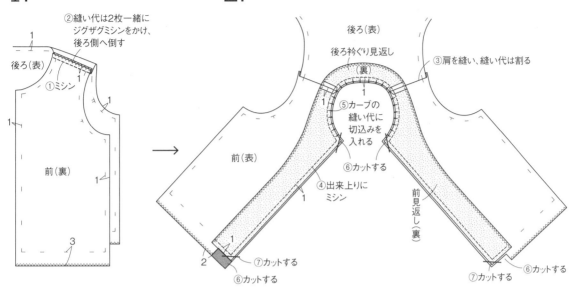

②縫い代は2枚一緒に
ジグザグミシンをかけ、
後ろ側へ倒す

1

後ろ(表)

①ミシン

1

1

1

前(裏)

1

1

3

後ろ(表)

後ろ衿ぐり見返し
(裏)

③肩を縫い、縫い代は割る

1

⑤カーブの
縫い代に
切込みを
入れる

⑥カットする

④出来上りに
ミシン

前(表)

前見返し(裏)

1

2

⑦カットする

⑥カットする

⑦カットする

⑥カットする

3. 脇を縫う

4. 裾を二つ折りにし、見返しの奥をミシンでとめ、裾を縫う

0.1
控える

0.5

⑤見返しを
ミシンで
とめる

0.5

⑥ミシン

前見返し(表)

前(裏)

①ミシン

④しつけを
する

3

③二つ折りにする

②縫い代は
2枚一緒に
ジグザグミシン
をかけ、
後ろ側に倒す

5. 袖下を縫う

6. 袖口を二つ折りにして縫う

1

袖(裏)

①ミシン

1

②縫い代は
2枚一緒に
ジグザグミシン
をかけ、
後ろ側に倒す

0.5

2

③二つ折りに
してミシン

7. 袖をつける → p.88参照

8. プラスナップをつける

凹　凸

プラスナップを
つける

前(表)

X

W カシミヤのニット帽

page37　実物大パターンD面

出来上り寸法	ワンサイズ

頭回り 42cm

材料	ワンサイズ

表布:C&Sカシミヤフリース(グレー) 横50×縦30cm

縫い方順序

裁合せ図

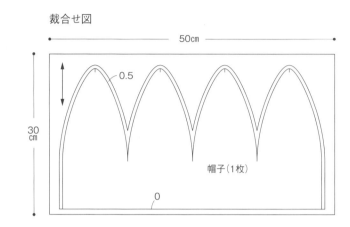

50cm

30cm

0.5

帽子(1枚)

0

1. 横側のダーツを縫う

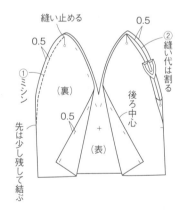

縫い止める

0.5

0.5

②縫い代は割る

①ミシン

(裏)

後ろ中心

先は少し残して結ぶ

0.5

+

(表)

2. 前側のダーツと後ろ中心を続けて縫う

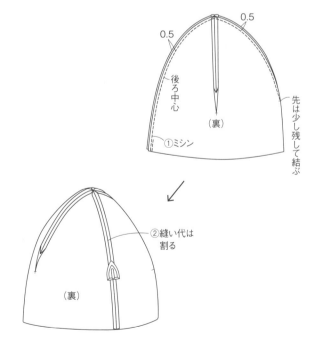

0.5

0.5

後ろ中心

(裏)

先は少し残して結ぶ

①ミシン

②縫い代は割る

(裏)

A. ポケットAの縫い方（脇の縫い代を割る方法）

《準備》

・袋布ABのポケット口に
ジグザグミシンをかける

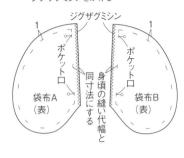

ジグザグミシン

1　1

ポケット口

ポケット口

身頃の縫い代幅と
同寸法にする

袋布A
（表）

袋布B
（表）

・前身頃のポケット口に接着テープ
をはり、前後の脇にジグザグミシン
をかける

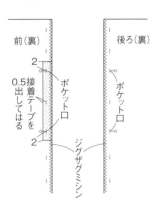

前（裏）　後ろ（裏）

2

0.5接着テープを出してはる

2

ポケット口

ポケット口

ジグザグミシン

①ポケット口を残して脇を縫う。
縫い代は割る

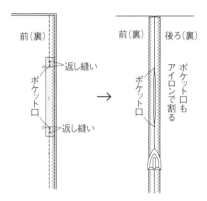

前（裏）　後ろ（裏）

返し縫い

ポケット口

返し縫い

前（裏）　後ろ（裏）

ポケット口

ポケット口も
アイロンで割る

②前身頃の縫い代に袋布Aをまち針で
とめ、身頃側からポケット口に
ミシンをかける

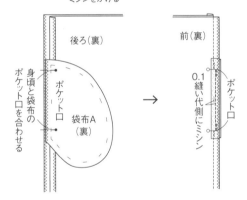

後ろ（裏）

身頃と袋布のポケット口を合わせる

ミシン

ポケット口

袋布A
（裏）

前（裏）

0.1縫い代側にミシン

ポケット口

③ポケット口の上下に切込みを入れて折り返し
袋布のポケット口をミシンで押さえる

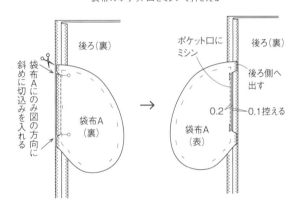

後ろ（裏）

袋布Aにのみ図の方向に斜めに切込みを入れる

袋布A
（裏）

ポケット口にミシン

後ろ（裏）

後ろ側へ出す

0.2　0.1控える

袋布A
（表）

④袋布ABを中表に合わせて
後ろ身頃の縫い代に袋布Bを
まち針でとめ、身頃側から
ポケット口にミシンをかける

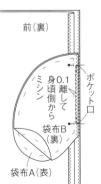

前（裏）

ミシン

0.1離して身頃側から

ポケット口

袋布B
（裏）

袋布A（表）

⑤袋布の周囲を縫い
ジグザグミシンをかける

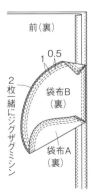

前（裏）

0.5

1

2枚一緒にジグザグミシン

袋布B
（裏）

袋布A
（裏）

⑥後ろ身頃の縫い代に袋布の端を
ミシンでとめる。
袋布の上下を縫い代にまつる

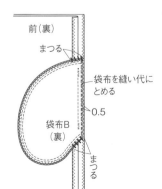

前（裏）

まつる

袋布を縫い代にとめる

0.5

袋布B
（裏）

まつる

⑦身頃側から袋布Bまで通して
ポケット口の上下に3回ミシン
をかける

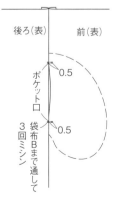

後ろ（表）　前（表）

ポケット口

0.5

0.5

3回ミシン

袋布Bまで通して

B. ポケットBの縫い方（脇の縫い代を後ろに倒す方法）

《準備》

・袋布AのポケットAにジグザグミシンをかける

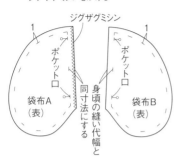

・前身頃のポケット口に接着テープをはり、前ポケット口にのみジグザグミシンをかける

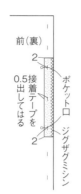

① ポケット口を残して脇を縫う。ポケット口の縫い代は割り、その他は後ろ側に倒す

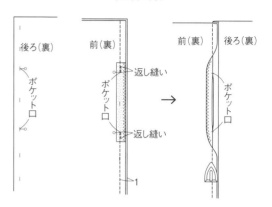

② 前身頃の縫い代に袋布Aをまち針でとめ身頃側からポケット口にミシンをかける

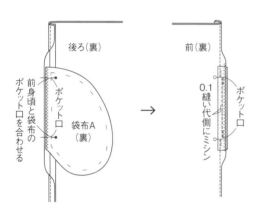

③ ポケット口の上下に切込みを入れて袋布を折り返し袋布のポケット口をミシンで押さえる

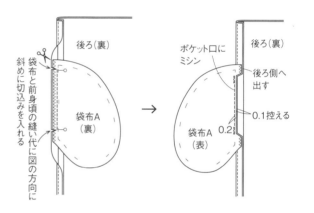

④ 袋布ABを中表に合わせて後ろ身頃の縫い代に袋布Bをまち針でとめ、身頃側からポケット口にミシンをかける

⑤ 袋布の周囲を縫いジグザグミシンをかける

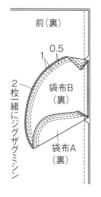

⑥ 後ろ身頃の縫い代に袋布の端をミシンでとめ、前後一緒にして脇のジグザグミシンをかける。袋布の上下を縫い代にまつる

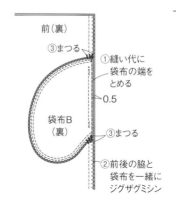

⑦ 身頃側から袋布Bまで通してポケット口の上下に3回ミシンをかける

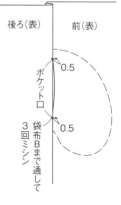

102

Basic Techniques

ボタンのつけ方

②ボタン穴に糸を通す

玉結び

①1針すくう

糸足

③ボタンと布の間を浮かせて、2〜3回糸を通す

④糸足に上から下へ糸を巻く

⑤最後の糸の輪に針をくぐらせて糸を引き締める

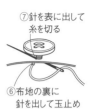

⑦針を表に出して糸を切る

⑥布地の裏に針を出して玉止め

スナップのつけ方

①糸の輪に針を通して糸を引いて結び玉を作り、とめつける

②最後は、玉止めをしてスナップの下に引き込んで糸を切る

糸ループ

穴かがりの要領で作る方法

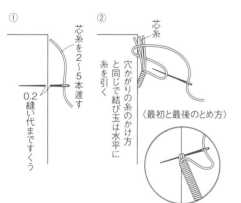

① 芯糸を2〜5本渡す

0.2縫い代まですくう

② 芯糸

穴かがりの糸のかけ方と同じで結び玉は水平に糸を引く

〈最初と最後のとめ方〉

鎖編みで作る方法

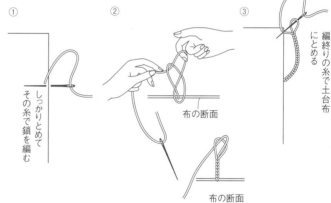

① しっかりとめてその糸で鎖を編む

② 布の断面

③ 編終りの糸で土台布にとめる

布の断面

布ループ

①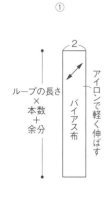

ループの長さ×本数＋余分

アイロンで軽く伸ばす

バイアス布

2

②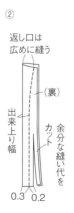

返し口は広めに縫う

（裏）

出来上り幅

余分な縫い代をカット

0.3 0.2

③

返し口に丈夫な糸をしっかりとめ、針穴のほうから中に差し込む

結び玉

④ （表）

糸を引いて表に返す

⑤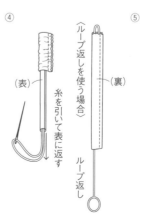

〈ループ返しを使う場合〉

（裏）

必要な長さと本数でカットする

ループ返し

⑥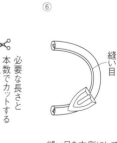

縫い目

縫い目を内側にしてアイロンで形を整える

企画・プロデュース・文　　　在田佳代子（CHECK＆STRIPE）

撮影　　　　　　　　　　　大段まちこ
　　　　　　　　　　　　　安田如水（文化出版局／p.31,32,40-47）
スタイリング　　　　　　　田中美和子
ブックデザイン　　　　　　本田喜子
モデル　　　　　　　　　　ジョセフ・カーター（111cm）
　　　　　　　　　　　　　ノナ・イヴァノフ（110cm）
　　　　　　　　　　　　　美波・アーサー（112cm）
　　　　　　　　　　　　　福島欧夏（123cm／p.42-43）
ヘアメイク　　　　　　　　上川タカエ（ロケーション）
　　　　　　　　　　　　　廣瀬瑠美（スタジオ）

洋服・小物デザイン　　　　CHECK＆STRIPE
パターン・作品製作　　　　中村有里
　　　　　　　　　　　　　CHECK＆STRIPE
パターングレーディング　　上野和博

作り方解説　　　　　　　　助川睦子
トレース　　　　　　　　　大楽里美
DTP製作　　　　　　　　　文化フォトタイプ
校閲　　　　　　　　　　　向井雅子
編集　　　　　　　　　　　三角紗綾子（文化出版局）

CHECK＆STRIPE（Sewing Nurseryチーム）：　在田佳代子　辻岡雅樹　柴田奈津子

撮影協力　　　　　　　　　ムーゼの森 ピクチャレスク・ガーデン（軽井沢）
　　　　　　　　　　　　　AWABEES　UTUWA

CHECK＆STRIPEの子ども服 ソーイング・ナーサリー

2021年6月20日　第1刷発行

著者　　CHECK＆STRIPE
発行者　濱田勝宏
発行所　学校法人文化学園 文化出版局
〒151-8524 東京都渋谷区代々木 3-22-1
TEL. 03-3299-2487（編集）
TEL. 03-3299-2540（営業）
印刷・製本所　株式会社文化カラー印刷

文化出版局のホームページ
http://books.bunka.ac.jp/